GEENIVIRHE

JUKKA PENNANEN

Miten ihmisestä tuli ihminen

Piirrokset: AG

VAHLSTEN
Helsinki

Copyright © 2015 Jukka Pennanen

Kustantaja: Vahlsten, Helsinki Suomi, www.vahlsten.fi

Valmistaja: Books on Demand GmbH, Norderstedt, Saksa

ISBN 978-952-93-5883-0 (nid.)

ISBN 978-952-93-5884-7 (EPUB)

SISÄLLYS

Magnum miraculum est homo 7
Sfinksin kutsu 16
Neandertalinihmisen matkassa 23
Ihminen evoluution haasteena 40
Edenin puutarha 58
Keisarin uudet vaatteet 67
    Lapsuus 71
    Aikuisuus tabuna 76
Tietoisuuden mekanismit 87
    Tahto 92
    Järki 104
Sivistyksen paperinen kivijalka 110
Patologinen rationalismi 128
Luovuuden välimaailma 146
Luonnollinen yliluonnollinen 162
    Sivistyvä henki 167
    Eläimet ja luonnon tuonpuoleisuus 174
    Uskominen inhimillisyydestä irtautumisena 177
Lukeva Narkissos 184
Keskenkasvuisuuden haasteet 212
Lähteitä ja kirjallisuutta 219

MAGNUM MIRACULUM EST HOMO

Nykyaikaisen maailmankuvamme pohjalla on renessanssifilosofian antroposentrinen näkemys ihmisen erikoislaatuisuudesta: ihminen on suuri ihme.[1] Ei ainoastaan parempi kuin muut olennot, vaan aivan omaa luokkaansa oleva laji. Ainutlaatuinen ja erityinen ilmiö. Koska ihmisen ainutlaatuisuus on selviö, tieteiden tehtäväksi on jäänyt vain sen toteaminen. On helppo yhtyä ajatukseen, että ihminen on erilainen, koska häntä voi ymmärtää vain ihminen. Hän syntyy taidoiltaan ja tiedoiltaan kehittyväksi järjelliseksi olennoksi, jonka vahvuus on oppimiskyky. Eläimet jäävät vaille

---

[1] Pico della Mirandolan teoksesta »De hominis dignitate» (1486)

tätä kaikkea. Ihmisen silmin kehityksellä on selvä suunta. Materiasta syntyy elämää, joka synnyttää älykkyyttä ja se edelleen sivilisaatioita. Ihminen nousee evoluution tikkaita, *scala naturae*, luomakunnan kruunuksi.[2] Sielu ja äly kilpailevat siitä, kumpi loistaa kruunussa kirkkaampana jalokivenä.

Inhimillisyys unohtaa mielellään toisenlaiset olemisen mahdollisuudet ja näkee lajien kehittymisen usein vain omasta näkökulmastaan. Ihmisen olemusta koskevat tulkinnat ovat tänään yhtä kuvitteellisia kuin ihmisen alkuperää koskevat näkemykset vielä 1800-luvun alkupuolella, jolloin ihmisfossiilien hyväksyminen oli mahdotonta. Ihminen oli muuttumaton, valmiiksi luotu luonnon hallitsija. Mutta kaikki se suuruus, jota ihminen lajinsa neroudessa ihailee, esiintyy edukseen ainoastaan kirjoituspöydällä.

Ihmiskeskeinen humanismi on perinyt ajatuksen luomakunnan kruunusta uskonnoilta, vaikka se väittääkin olevansa niiden järkevä vaihtoehto. Oppimiskyky nähtiin Jumalan ihmiselle antamana lahjana. Vaikka humanismi luo kriittisen suhteen luontoon, ihmisen erityisasemaa se ei halua muuttaa. Se pysyy annettuna ja kyseenalaistamattomana tosiasiana.

Halu ihmisen ymmärtämiseen luonnon osana johtaa väistämättä siihen, että ihminen joutuu luopumaan ainutlaatuisuu-

---

[2] Evoluutio ymmärretään erilaisia kehitystasoja edustaviksi tikkaiksi (*Evolutionary ladder*), joilla ihminen on ylimpänä ja lähimpänä enkeleitä ja jumalia.

destaan ja hakemaan paikkansa muiden olioiden rinnalta. Merkittävä sysäys tapahtui, kun Darwin liitti julkaisuissaan ihmisen osaksi eläinkuntaa ja muuta luontoa; *Carl von Linné* tosin sijoitti simpanssit *Homo*-sukuun jo 1700-luvulla, mutta väite ei herättänyt hämmennystä, koska lajien ajateltiin olevan muuttumattomia. Biologit ovat sen jälkeen vahvistaneet, että ihmiskunta on sukua kaikille muille maapallolla tavattaville elämänmuodoille. Jumalsukuun itsensä sijoittanut ihminen on joutunut sopeutumaan viidenneksi apinaksi. Sitä ihmistä erikoisena olentona pitävien on ollut vaikea hyväksyä. Vaikka Darwin on kiistänyt ihmisen aseman erityisenä olentona luomakunnassa, evoluutio osataan silti tulkita itsekkäästi. Eläintieteilijä *Desmond Morris* totesi, että kun hän kirjoitti »kaloista tai linnuista tai käärmeistä, kukaan ei järkyttynyt. Mutta kun tein samaan tapaan selkoa ihmisistä, nousi meteli». *Alfred Russel Wallace*, joka kehitti luonnonvalinnanteoriansa samaan aikaan Darwinin kanssa, piti ihmistä yliluonnollisten voimien aikaansaannoksena. Jopa tunnettu paleontologi *Robert Broom*, joka tutki nisäkkäitä Afrikassa 1930- ja 1940-luvuilla, piti ihmisen syntyä yliluonnollisena asiana. Yksi syy tieteeseen kohdistuvaan mielenkiintoon on siinä, että mikä tahansa tutkimustulos saattaa vahingossa tuhota ihmisen ainutlaatuisuuden. Tieteen sisäistä ironiaa on lausahduksessa, jonka mukaan ihmisen luontaista narsismia loukkaava tieteellinen väite vain lisää sen todennäköisyyttä osua oikeaan.[3] Ihmisyyden kyseenalaistavat ajatukset torjutaan kuitenkin usein jo ennen kuin ne ehtivät tutkimuksen kohteiksi.

Tämän teoksen tarkoitus on selittää ihmisen ominaislaatua kysymällä mistä johtuu, että ihmiselle kaikkein läheisin asia – ihminen itse – tuntuu olevan hänelle kaikkein ongelmallisin. Onko mahdollista, että kyse on jostakin muusta kuin kyvystä ja taidosta hakea tietoa? Estääkö totuttu ihmiskäsityksemme näkemästä ilmeisiä tosiasioita?

Ihminen käveli esihistorian hämärästä tähän päivään reittejä, jotka on suurin piirtein selvitetty, mutta lajimme syntymä on edelleen pimennossa. Ensimmäiset merkit inhimilliseksi luokiteltavasta toiminnasta löytyvät peräti 2,5 miljoonan vuoden takaa. Siihen nähden 2000 vuotta ajanlaskun alusta, 3300 vuotta Tutankhamonin elämästä tai 5500 Mesopotamian kulttuureista ovat kuin eilispäivää. Edes 10 000 vuotta viimeisimmästä jääkaudesta, 16 000 vuotta Lascaux'n luolamaalauksista tai 35 000 vuotta nykyihmisen ja neandertalinihmisen kohtaamisesta eivät ole tarpeeksi kaukana selittämään ihmisen ominaispiirteitä. Erityisesti siksi, että tänä aikana mikään tarkastelun kannalta keskeinen asia ei ole ihmisessä muuttunut, vaikka kulttuurisia muutoksia onkin. Ratkaisevat muutokset tapahtuivat jo aikaisemmin.

---

[3] Turun yliopiston fysiikan emeritusprofessori Asko M. Aurela

Ihmisen erikoislaatuisuutta on tutkittu unien, identtisten kaksosten, tunteiden, taiteen ja aivovaurioista saatujen tietojen avulla sekä vertailtu ihmisiä ja eläimiä, mutta tyydyttävää vastausta ei löydy. Aivotutkimus voi ehkä tulevaisuudessa valaista siitä jotain, mutta kemiallisiksi reaktioiksi pelkistyvä tietoisuus tuskin tarjoaa sitä, miten me haluamme itsestämme ymmärtää.

On mahdollista osoittaa, että ihmislajin synty on seurausta yhden kehitysvaiheen ennen näkemättömästä korostumisesta, jossa täysikasvuiseen jää yliannos lapsuudesta periytyviä puolustusmekanismeja. Tahdon, järjen, pelon ja häpeän kaltaiset mekanismit ovat auttaneet aikuisia yksilöitä selviämään hengissä olosuhteissa, jotka olisivat monille muille lajeille tuhoisia. Säilymisen hintana on kuitenkin yksinäisyys ja ihmiselle luonteenomainen ja hyvin humaanilta näyttävä kommunikaation, yhteyden etsimisen ja ymmärtämisen kaipuu.

Hominideissa vuosimiljoonia sitten kehittyneet piirteet aiheuttivat sen, ettei täysikasvuinen yksilö sulaudu enää ongelmitta ympäröivään luontoon. Lajin vihamielinen suhde ympäristöön ja ylisuojeleva suhde omaan itseen ja omiin jälkeläisiin korostuu. Tällaista ei esiinny samassa mitassa muilla lajeilla. Nämä oudot ominaisuudet ovat tahto ja järki ja niiden väistämättömänä seuralaisena väkivalta.

Luonnossa lajit eivät suojaudu muutoksilta, vaan antavat ympäristöönsä sopimattomimpien yksilöiden menehtyä. Ominaisuudet syntyvät ja häviävät ympäristön mukana. Lajit antavat myös uudenlaisten yksilöiden syntyä ja elää. Nykyihminen sen sijaan käyttää kaikki taitonsa pitääkseen elämän riippumattomana luonnosta. Hän taistelee luontoon sopeutumista vastaan ja kutsuu työnsä tuloksia kehitykseksi ja edistykseksi. Luonnosta on tullut hänen suuri vihollisensa, jota hän kunnioittaa ja alistaa yhtä aikaa. Kamppailu sitä vastaan kuitenkin lisää yksinäisyyttä, sulkee hänet siihen selityksin, joilla ei ole arvoa hänen maailmansa ulkopuolella. Ei ole vaikea todeta, että neandertalinihmisen maailma oli universaalimpi kuin nykyihmisen on koskaan ollut. Luonnon omassa »arvojärjestyksessä» ihmisellä ei ole koskaan ollut mitään erityistä osaa. Hänen maailmansa on muuttunut ristiriitaisemmaksi sitä vahvemmin mitä enemmän hän on eristäytynyt luonnosta.

Jo ainakin reilun sadan vuoden ajan ihmistä on tieteissä yritetty selittää kasvamiseen ja sen keskeneräisyyteen liittyvillä seikoilla, mutta kulttuurin ymmärtämiseen niistä ei ole juuri ollut apua.[4] Ajatus ihmisen kehittymättömyydestä on ongelmallinen sen takia, että se saattaa kyseenalaistaa vuosituhantisen sivilisaation. Ihminen näyttää kuitenkin juuttuneen pysyvästi omiin lapsuutensa psyykkisiin mekanismeihin ja niistä löytyy myös avain hänen kulttuuriinsa ja kaukaiseen menneisyyteensä.

Vaikka luolamaalausten, piikärkien ja luulöytöjen reitti on mielenkiintoinen, se ei ole ainoa tutkimustie ihmisen erikoislaadun ymmärtämiseen. Kun paleoantropologinen tutkimus raken-

---

[4] Viimeksi vuonna 2003 *Clive Bromhall* esitti kirjassaan »The Eternal Child», ettei ihmislaji osaa aikuistua.

taa ihmiskuvaa arkeologisen aineiston avulla, tehdään tässä teoksessa päinvastoin: historiallista ja esihistoriallista menneisyyttä selitetään ihmisen mielen mekanismeilla. Mielemme ja tietoisuutemme »ainutlaatuisuus» on ollut perinteisesti annettu tosiasia, mutta jos ihmisen olemus määritellään etukäteen valmiiksi, hukataan, ei ainoastaan helpoin, vaan mahdollisesti ainoa tapa saada vastaus. Siinä valossa, jossa kokonainen henkinen imperiumi – tiede – perustuu sille, että vain kysymykset ovat pysyviä ja todellisia ja vastaukset vain kasvualusta uusille kysymyksille, on tämä teos epätieteellinen.

Kirjassa pyritään kuvaamaan muutosta, joka tapahtui heidelberginihmisen populaatiossa sen vaihtuessa nykyihmispopulaatioksi. Näkökulma ihmisen alkuperään, inhimilliseen maailmaan ja sen ilmiöiden selittämiseen on tässä teoksessa ihmisen mieli. Teos koettaa vastata kysymykseen, miten ihmisestä tuli nykyihminen. Kirjan keskeinen väite on, että meidät ihmisiksi tekevä ominaisuus on perinnöllinen kasvuhäiriö. Kyse ei ole pelkästään nykyihmiselle luonteenomaisten piirteiden luettelemisesta, vaan näiden ymmärtämisestä muuttumisemme seurauksena. Aluksi esitellään esihistoriallinen tapahtumasarja, joka hyvin todennäköisesti aiheutti sen, että ihmisestä tuli elämänsä tarkoitusta kyselevä laji. Siinä palataan Afrikan tuhoisaan kuivuuteen 100 000 vuoden taakse ja osoitetaan, miten vuosituhansia kestänyt selviytymistaistelu loi nykyihmisen. Eloonjäämismekanismin rekonstruointi antaa kulttuuri-ilmiöiden ja ihmismielen ominaisuuksien ymmärtämiseen mielenkiintoisia näkökulmia. Näitä tarkastellaan sivilisaation erityispiirteisiin liittyvissä luvuissa.

Kirjaa varten ei ole tehty uutta tutkimusta. Kaikki tähän kirjoitettu keskeinen tieto on kenen tahansa saatavissa. Olennaista on yhdistää näennäisesti toisiinsa kuulumattomia asioita ja epäillä varmintakin tietoa – sitäkin, jonka päälle oma sivistys rakentuu. Usein tieteessä katsotaan, ettei tavallisen ihmisen ole mahdollista ymmärtää tutkimusten tuloksia eikä siis myöskään maailman perimmäistä luonnetta. Olen koettanut vastata kysymyksiin tiedoilla, joiden ymmärtämiseen ei tarvita tieteellistä oppineisuutta. Olen myös halunnut löytää vastauksia, jotka kelpaavat tieteellisen keskustelun ulkopuolella. Uskon enemmän Søren Kierkegaardin runolliseen primitiivisyyteen ja D. H. Lawrencen vaatimattomaan röyhkeyteen, jonka hän ilmaisi lauseella: »En ole tiedemies. Olen amatöörien amatööri». En usko, että ihmisen erikoislaatu voitaisiin salata häneltä itseltään, vaan pikemminkin siihen, että jokaisella on paitsi oikeus, myös erittäin hyvät mahdollisuudet selvittää mistä elämisessä oikein on kyse. Olen kuitenkin realisti – kaikki eivät halua sitä tietää.

Teoksen keskeisiä termejä ovat aikuisuus, keskenkasvuisuus, inhimillisyys, tahto, järki, mieli, minuus, tietoisuus ja tajunta sekä tieto, filosofia, sivistys ja kulttuuri. Mieleen liittyviä termejä käytetään useimmiten psykologisessa merkityksessä kuvaamaan psyykkisiä mekanismeja, ei osoittamaan ihmisen kehittyneisyyttä. Kirja perustuu henkilökohtaisiin havaintoihin ja olemassa olevien teorioiden, löytöjen ja näkemysten uudelleentulkintoihin. Lainatut kohdat on tarkoitettu kuvaamaan pohdinnan kohteena olevaa asiaa ja antamaan vertauskohtia, eivät niinkään olemaan todistuksena esitetyille näkemyksille. Pääpaino on tulkinnoissa, ja tästä syystä vain keskeisimmiltä tuntuvat lähteet on merkitty. En väitä, että kaikki tähän kirjoitettu kestäisi niin sanotun tieteellisen tarkastelun, mutta en odotakaan sitä. Toivon silti, että väitteet voisivat auttaa avaamaan ihmisyyden »mustan laatikon».

Suuri kiitos oikoluvusta ja arvokkaista kommenteista Oona Hyvöselle, Timo Lappalaiselle ja Katriina Heleniukselle. Moni asia muuttui kommenttien myötä selvemmäksi. Näkemyksistäni kannan vastuun luonnollisesti itse. Kiitos myös edesmenneelle Tatu Vaaskivelle (1912–42), jonka harvinaisista näkemyksistä olen saanut paljon voimia.

Tekijä

SFINKSIN KUTSU

Parikymppisenä nuorukaisena koin eräänä iltana hyvin erikoisen tunteen, kun lukemani *Hermann Hessen* Lasihelmipeli-teoksen ja minun välille avautui yhtäkkiä erikoinen maailma. Ennen kokemattomalla tavalla tunsin, että kirjan kertoja puhutteli minua. En lukenut enää samalla välinpitämättömällä tavalla kuin hetkeä aiemmin, vaan niin kuin olisin hypännyt kirjan sisään ja kuullut tekstin. Ihan selvästi kirjan kertoja viitsi uhrata aikaansa puhumalla minulle – yhdelle ainoalle kuulijalle! Kummastelin tilannetta, se ei pelottanut, vaikka päässä melkein pyöri. Aluksi minulle tuli tunne, että kirjan kertoja oli vanhempieni tuttava. Kaukaa lapsuudesta työntyi mieleen muisto lastenrattaista. Istuin niissä, äitini oli jäänyt keskustelemaan kyläläisen tai kauppiaan kanssa. Sää oli lämmin eikä tarvinnut kiiruhtaa. Rattaat olivat hiekkaisella tiellä, tunsin istuvani niissä, näin niiden kumiset pyörät, joiden vaaleaan pintaan oli tarttunut pieniä kiviä. Kirjan »ääni» muistutti tästä menneestä. Lukiessani vanhempani tuntuivat olevan näkymättömissä kirjan taustalla tai kauempana poissa, mutta tietoisina siitä, että olin tällaisessa omituisessa keskustelussa kirjan kanssa. He katsoivat ja kuuntelivat. Heidän suhteensa minuun oli kuitenkin muuttunut, olimme tulleet samankaltaisiksi. Tunsin, etten kuulunutkaan enää perheeseen, ehkä juuri siksi he olivat kauempana. En ymmärtänyt mitä ympärilläni tai sisälläni tapahtui, mutta tunsin, että asiat olivat juuri niin kuin niiden tuli ollakin. Tunsin myös ihmetystä siitä, että saatoin näin yhtäkkiä ja helposti jättää taakseni vuosia vaivanneen nuorukaisen maailmantuskan.

Nostin katseeni kirjan sivuilta ja kuvittelin aavistavani, mistä oli kyse. Jotain oli ympäriltäni hävinnyt, tai sitten minä olin muuttunut. Olin yksin mutta eri tavalla kuin aikaisemmin. Minua ympäröi miellyttävä hiljaisuus. Monet aiemmin lukemani asiat tuntuivat tutusti heijastavan tätä. Ulkona tunsin, kuinka minun oli helppo hengittää. Huurteiset puut, rakennukset, niiden valot ja valojen synnyttämät varjot, narskuva lumi ja talven viileys – kuinka ne olivat kiinnostavia ja saivat minut nauramaan niille. Katselin tähtiä lapsen silmin. Minua naurattivat myös ihmiset, heidän puheensa ja jopa liikkeensä. Myös omat askeleeni, jalkani, käteni, liikkeeni olivat uusia. Panin merkille sen erikoisen seikan, ettei ruma tai likainen tuntunut vastenmieliseltä. Näin asiat uusin silmin, vaikka asiallisesti näin kaiken niin kuin ennenkin. Minun ja maailman välistä oli hävinnyt jotain mutta samalla oli tullut jotain lisää. Suhteeni muihin ihmisiin oli muuttunut. Nukuin yön hyvin. Seuraavana päivänä heräsin edelleen hämmentyneenä ja kirjoitin asioita muistiin. Pikku hiljaa tunne häipyy mutta sen hämmentävä muisto ei.

Kokemus vaikutti siihen, että monet pohtimani asiat, tapahtumat ja henkilöt tulivat helposti ymmärrettäviksi. Tajusin, että monet muutkin olivat kokeneet samalla tavalla. Toisaalta kukaan ei sanonut kokemuksesta mitään selväkielistä. Se mitä saatoin lukea kirjoista oli vain vertauskuvia tai suljettujen seurojen salaisuuksien vaihtoa. Tämä kummallinen kokemus päättyi kaikkialla aina outoon hiljaisuuteen, tabuun. En edes tiennyt pystyikö siitä puhumaan arkisesti, vai vain taiteen, mystiikan tai uskonnon kaltaisilla kielillä. Ymmärsin, että sivistys sisälsi vanhan metaforien perinteen, joka esti puhumasta henkilökohtaisimmista ja pyhimmistä asioista. Esimerkiksi *Octavio Paz* kirjoitti *Marcel Duchampista* ja tämän taiteesta: »Taide on Duchampille salaisuus ja se pitää jakaa ja kertoa edelleen kuin salaliittolaisten välinen viesti». On tietysti suuri houkutus antaa toisten etsiä teosten todellinen, salaperäinen viesti. Myös *Friedrich Nietzsche* viittasi erikoislaatuisuuteensa usein salaperäisellä ilmauksella »me korkeat henget». Hänen vahva ja runollinen kirjoitustyylinsä suosi enemmän ihmisen mystifioimista kuin ymmärtämistä. Hämäräperäisyytensä hän perusteli näin:

»Kun kirjoittaa, ei tahdo ainoastaan tulla ymmärretyksi, vaan tahtoo myös yhtä varmasti varoa sellaista mahdollisuutta. Ei ole suinkaan mikään kirjaan kohdistuva vastaväite, jos joku havaitsee sen käsittämättömäksi: juuri tämä on voinut kuulua sen kirjoittajan tarkoitukseen, – hän ei ole tahtonut, että 'joku' hänet ymmärtäisi. Tahtoessaan ilmaista itseään ylhäisempi henki ja maku valitsee aina myös kuulijansa; valitessaan heidät hän samalla panee rajansa 'toisille'. Kaikki persoonallisen tyylin hienoimmat lait johtuvat siitä: ne pitävät samalla loitolla, luovat dissonanssia, ne epäävät 'sisäänpääsyn', ymmärtämyksen, kuten sanottu – kun ne taas avaavat niiden korvat, jotka ovat korviltaan meille sukua».[5]

Otaksuin pitkään, että tämä ajatus heijastui muunnelmana myös Ludvig Wittgensteinin *Tractatuksen* tutussa lauseessa *»mistä ei voi puhua, siitä on vaiettava»*. Kunnioitin pitkään pelkkää ajattelemattomuuttani näitä metaforien perinteitä, kunnes kaksikymmentä vuotta myöhemmin tulin toisiin ajatuksiin. Katsoin televisiosta nykyihmisen ja neandertalinihmisen kohtaamisesta kertovaa dokumenttia. Neandertalinihmiset olivat läheisimpiä lajisukulaisiamme ja lähtöisin alkujaan samasta heidelbergien kantajoukosta kuin nykyihmisetkin. Dokumentissa ei kuitenkaan kerrottu miksi älykkyyttä on vain nykyihmisellä ja miksi se puuttui neandertalinihmiseltä. Dokumentissa laji oli laitettu puhumaan. Ruokaa tarkoittava äännähdys oli *estachai* ja metsä oli puu-puu eli *dondr-dondr*. Satunnaiset örähtelyt, joista oli tehty jopa sanakirja, yrittivät esittää, että

---

[5] Friedrich Nietzsche, Iloinen tiede, Otava. 2004. s. 238.

niiden takana olisi nykyihmiselle tuttu symbolifunktio. Muistin, että myös kuvitteellisia esihistoriallisia romaaneja kirjoittaneen *Jean Untinen-Auelin* neandertalinihmiset puhuivat, hekin nykyihmistä alkeellisemmin. Niin tietysti, ajattelin, niinhän me haluaisimme sen olevan. Me haluaisimme nähdä sivistyneen ihmisyyden juuret kaukana menneisyydessä voidaksemme perustella oman inhimillisen kulttuurimme luonnollisuuden.

Jäin pohtimaan miksi aiemmat *Homo*-lajit eivät osanneet vaatia itseltään sitä mitä nykyihmisen välitön edeltäjä Cro-Magnonin ihminen osasi. Lopulta sain tiivistettyä nykyihmisen älykkyyden syyn kysymisen kyvyksi. Olin aika tyytyväinen: neandertalinihminen ei selvästikään osannut mitään sellaista. Se ei osannut kysyä syytä tavalla, jolla nykyihminen hakee epätietoisuudelleen ratkaisuja: »mitä», »miten», »milloin», »miksi». Se ei hallinnut inhimilliseen tahtomiseen liittyvää selitysten peräämisen taitoa. Mutta miksi se ei osannut?! Mitä se todella tarkoitti ja oliko se pelkästään inhimillinen kyky, vai mahdollisesti muillakin lajeilla esiintyvä ominaisuus? Asia vaivasi minua. Aloin kuvitella neandertalinihmistä, sen mieltä ja ajattelua, reaktioita, aistimista, tunteita, suunnittelua, muistia, miettimistä ja näkemyksiä erilaisissa tilanteissa. Pohdin osasiko se ajatella, oliko sillä tunteita, pelkoja, toiveita tai pettymyksiä. Sellainen tuntui kyllä mahdolliselta mutta ei todennäköiseltä. Puuttuva kyky teki sen kuitenkin jollakin tavalla meitä »yksinkertaisemmaksi». Vaistoiltaan se oli varmasti meitä parempi mutta rationaalisesti selvästi vajaampi.

Sitten sain erikoisen ajatuksen. Voisiko parinkymmenen vuoden takainen hämmentävä kokemukseni olla tekemisissä neandertalinihmisen »yksinkertaisuuden» kanssa? Se kuulosti oudolta mutta en voinut sitä kieltääkään. Se tuntui samalla tavalla »kyvyttömyydeltä kysyä syytä», koska tunsin, että tahtoni ja järkeni muuttuivat ja antoivat tilaa aisteilleni ja vaistoilleni. Ei olisi tullut mieleenikään ajatella sitä taantumana, vaikka tajusin, että minussa eli hetken pala sukupuuttoon kuollutta muinaisuutta. En koskaan kysynyt miksi se tuli, vaan miksi se ei jäänyt. Näin selvästi, miten tämä heijastui kulttuurissa kaipuun teemana. Olin ajatellut jo aiemmin, että kokemukseni liittyi aikuistumiseen, mutten ymmärtänyt sen keskeytymistä. Parhaat lähteetkään eivät kyenneet selittämään puhumatta joko epämääräisestä taiteellisesta luomisvoimasta, mystisestä rakkaudesta tai jumalallisesta näystä. Nyt yhteys kun aukeni muinaisuuden ja neandertalinihmisen kautta aloin ymmärtää, että nämä omituisen tapahtuman selitykset eri kulttuureissa taiteesta uskontoihin liittyvät ikivanhoihin aikuistumisen ja itsenäistymisen mekanismeihin. Tällä tavalla ihmisen kuuluisi hävittää yksilöllisyytensä ja sulautua luontoon. Tämä oli se tapa, jolla muinaiset ihmiset elivät ja kokivat ympäristönsä. Meille oli säilynyt siitä vain lyhyt välähdys, joka sekin tapahtuu vain harvoille. Mutta miksi se ei jäänyt pysyväksi? Oliko kyse kehityshäiriöstä? Jos oli, inhimillisyys tarkoitti silloin »keskeneräisyyttä». Ymmärsin, että tästä oli pääteltävissä se tapa, jolla kehityshäiriöstä tuli nykyihmisen perustava luonteenpiirre.

Aloin nähdä mielenkiintoisia asioita nykyihmisestä, sukulaisuudestamme muihin lajeihin, juuristamme ja siitä, mikä meidän historiamme ja kohtalomme »omana lajina» on. Neandertalinihminen avasi silmäni näkemään inhimillisten ristiriitojen sisään ja ymmärtämään kamppailua, jota jokainen käy kulttuurinsa ja usein luontovihamielisen lähiympäristönsä kanssa. Jo valmiiksi horjuvaan humanismiini törmännyt menneisyyden meteoriitti auttoi näkemään inhimillisyyden, sivilisaatioiden, kirjallisen sivistyksen pohjalla olevan filosofian sekä uskontojen ongelmien ytimeen. Ymmärsin, että nykyihmisen ja neandertalinihmisen kohtaamisessa oli kyse tapahtumasta, joka jätti varjoonsa monta lukua maailmanhistoriaa. Oikeastaan se kaatoi sen kokonaan. Kyse ei ollut pelkästään lajien välisistä eroista. Kyse oli tulkinta-avaimesta nykyihmiseen ja sen kulttuuriin. Havainto antoi esihistorialle psykologisen ulottuvuuden ja luvan eräänlaiseen mielen arkeologiaan ja historian tutkimukseen nojatuolista käsin. Saatoin viedä jotain itsestäni kauas kulttuurien taakse ja päinvastoin tuoda esihistoriallisesta menneisyydestä jotain nykyaikaan.

NEANDERTALINIHMISEN MATKASSA

Inhimillinen maailma ei ainoa maailma, jonka ihminen voi kokea. Sukupuuttoon kuolleenakin aiemmat *Homo*-lajit voivat kertoa jotain omasta myyttisestä menneisyydestämme. Ne rakentavat käsitystämme siitä, keitä olemme ja mistä tulemme, miksi olemme tällaisia ja minne olemme menossa. Ilman niitä emme yksinkertaisesti kykenisi näkemään omaa »erikoisuuttamme». Meidän henkinen maailmamme ei ole yksinomaan inhimillisten kykyjen tuote, vaan myös osa varhaisempien *Homo*-lajien kehitystä. Meidän kauttamme eräs *Homo*-lajien piirre on saavuttanut ylisuuret ja menneisyyden peittävät mittasuhteet. Sitä kutsutaan inhimillisyydeksi. Meille se merkitsee valtavaa kehittymistä, johon muut eivät yllä, mutta luonto näkee asian valitettavasti toisin. Erikoisuutemme on sille vajavaisuus, josta muut lajit kykenivät onnekseen pysyttelemään paremmin erossa. On sinänsä aika samantekevää mihin *Homo*-lajiin ihmisiä verrataan, mutta lähimpänä meitä on kuitenkin neandertalinihminen, joka oli yksi viimeisistä jollei peräti viimeinen »normaalisti» elänyt *Homo*-lajin ihminen.

Se, millaiseksi neandertalinihmistä ja sen elämää on löytöjen ja tutkimusten perustella kuvailtu, on myös nykyihmisen ymmärtämisen kannalta olennaista. Kyse on elämäntavasta, joka on hävinnyt ihmisen käytännöistä mutta ei ihmisen biologisesta muistista. Aika ajoin se nousee esille ihmiselle itselleen käsittämättömällä tavalla ja luo ilmiötä, jotka tunnemme erilaisina kulttuurin esiintyminä uskonnoista taiteeseen.

Vuonna 1856 tehdystä ensimmäisestä neandertalinihmisen luulöydöstä lähtien on keskusteltu vilkkaasti sekä sukulaisuudestamme että neandertalinihmisen sukupuuton syistä. Lajit elivät Euroopassa rinnakkain noin 5000 vuoden ajan. Lajien väliltä on löydetty yhteyksiä niin paljon, että lajeja voidaan vertailla. Yhteisiä geenejäkin on löydetty, mutta keskinäistä ymmärrystä nykyihmisen ja neandertalinihmisen välillä tuskin oli, todennäköisesti suhteet olivat etäiset ja viileät. On myös arveltu, että nykyihminen *(Cro-Magnon)* saattoi hävittää neandertalinihmisen.

Kun nykyihminen, *Homo sapiens sapiens,* syntyi Afrikkaan, oli neandertalinihminen asuttanut Eurooppaa 100 000 vuotta. Eurooppaan nykyihminen tuli Afrikasta noin 35 000 vuotta sitten ja silloin laji oli levittäytynyt jo muuallekin maapallolle.

Muuton syitä ei ole aukottomasti pystytty selvittämään, mutta laajoilla alueilla liikehtiminen on jo varhain ollut ihmisen tunnusmerkki. Myös aiemmat ihmislajit vaelsivat. On laskettu, että kun kukin ihmissukupolvi on matkannut elämänsä aikana muutamia kymmeniä kilometrejä, ihminen on päässyt helpostikin viimeisimmän jääkauden aikaan Euroopan ja Aasian puolelle.

Kahden ihmislajin kohtaamisessa ei ollut todennäköisesti paljonkaan erityistä. Tuohon aikaan maailmassa on arveltu eläneen jopa viisi erilaista ihmislajia, mutta toisiaan ne kohtasivat hyvin harvoin, jos koskaan.[6] Neandertalinihmisten esivanhemmat olivat lähteneet Afrikasta arviolta puoli miljoonaa vuotta ennen nykyihmistä. Neandertalinihmiset tuskin näyttivät ne kohdanneista nykyihmisistä itsensä kaltaisilta, saati samanarvoisilta. Neandertalinihmisen kanssa ei voinut kommunikoida eikä toimia nykyihmisen ymmärtämässä mielessä. Kohtaaminen oli neandertalinihmiselle joka tapauksessa lopun alkua, ne hävisivät sukupuuttoon muutamassa tuhannessa vuodessa. Hetken aikaa nämä kaksi ihmislajia kuitenkin elivät maapallolla rinnakkain ja on oletettu, että aika ajoin tämä tapahtui jopa sopuisassa hengessä. Lopputuloksesta ei kuitenkaan voi kiistellä, nyt kun neandertalinihmistä ei enää ole. Ehkä ihmislajit tunnistivat toisensa mutta toisiaan ne eivät voineet ymmärtää.

---

[6] Floresinihminen, denisovanihminen, pystyihminen, neandertalinihminen ja nykyihminen.

Nykyihminen ei ymmärtänyt puhumatonta tai käsittämättömästi ääntelevää neandertalinihmistä eikä neandertalinihminen taas voinut sopeutua nykyihmisen elämäntapaan. Uuteen ihmiseen neandertalinihminen suhtautui todennäköisesti kuin mihin tahansa uuteen asiaan. Se ei pelännyt, mutta oli varmasti varautunut ja välttelevä.

Neandertalinihmisen sukupuutto on helppo ymmärtää nykyihmisen ennakkoluuloisen ja pelokkaan luonteen takia, vaikka varmuutta vihamielisyydestä ei olekaan. Nykyihminen oli kommunikoinnin ja liittoutumisen mestari, neandertalinihmisellä sen sijaan ei ollut liittolaisia. Nykyihmisen taidot tuntien emme ihmettele, miksi nykyihminen kukisti sukulaislajinsa. Meidän näkökulmastamme neandertalinihminen taisteli elintilastaan huonosti ja hävisi. Saman kohtalon ovat ihmisen taholta saaneet kokea myöhemmin monet muut eläinlajit ja ihmisryhmät. Luonto on ollut voimaton luomuksensa edessä. Ihmisen luontosuhde ei ollut enää samanlainen kuin neandertalinihmisellä. Ihmisestä tuli luonnon kokeilu, joka kääntyi luojaansa vastaan.

Nykyihminen oli oppinut eliminoimaan ympäristön vaikutuksen nokkeluudellaan. Uusien taitojen ja alueellisen levittäytymisen taustalla vaikutti sama asia: ihmisen keskenkasvuisuus. Nykyihminen ei aikuistunut normaalilla tavalla, vaan jäi käytännössä teini-ikäiseksi. Ominaisuus näkyi ulospäin sopeutumattomuutena luontoon. Jos neandertalinihminen olisi keskenkasvuisten tapaan kommunikoinut, se ei varmasti olisi elänyt yksin eristäytyneenä oman lähipiirinsä seurassa. On selvää, ettei neandertalinihminen tuntenut olevansa mikään erityinen laji vaan osa luontoa. Joidenkin tutkimusten mukaan neandertalinihmisen ääntöelimistö ei ollut kehittynyt samalla tavalla kuin nykyihmisen eikä se siksi voinut tuottaa yhtä monipuolista puhetta. Tämä saattaa pitää paikkansa, mutta puheen esteenä oli mentaalisesti perustavampi seikka: kommunikointi nykyihmiselle tyypillisellä tavalla edellyttää aktiivisesti toimivia tahdon ja järjen mekanismeja. Ne puuttuivat kaikilta normaalisti aikuistuvilta neandertalinihmisiltä.

Nykyihmisen levittäytyminen Afrikasta Aasian kautta Eurooppaan ja muualle maapallolle oli paitsi merkki uudenlaisen elämän alkamisesta maapallolla, myös *Homo*-suvun perinteisen elämäntavan lopullisesta katoamisesta. Se oli nähtävissä jo pystyihmisten elintavoissa mutta vieläkin selvemmin heidelberginihmisen, nykyihmisen edeltäjän, muuttoliikkeessä. Ihmissukuiset lajit olivat olleet petojen riistaa, mutta työkalujen valmistamisen ja kommunikoinnin oppiminen vaihtoivat osat. Ympäristön hallinta lisäsi elämisen mahdollisuuksia, ihminen näki asemansa aiempaa vahvempana. Vaikutukset koskivat myös neandertalinihmistä. Kun muutaman tuhannen vuoden yhteiselo päättyi, näistä kahdesta jäljellä oli vain nykyihminen. Nykyisin lähin elävä sukulaisemme on simpanssi. Sen tutkimus ei ole auttanut ymmärtämään omaa kehittymistämme. Ihmisen ymmärtäminen on aloitettava *Homo*-lajisista, esimerkiksi neandertalinihmisestä, vaikka joutuisimmekin turvautumaan mielikuvitukseen.

Parin kolmen miljoonan vuoden ajan aina nykyihmisen ilmaantumiseen saakka *Homo*-lajien elämä oli ongelmatonta yhteiseloa luonnon kanssa, vaikka se kenties vaikeaa olikin. Se näkyy näiden ihmisten jättämissä vähäisissä jäljissä ja antaa aihetta ounastella, ettei niillä ollut käytettävissään nykyihmisen älykkyyttä, kieltä, kätevyyttä eikä halua muokata ympäristöään. Työkaluja valmistettiin, mutta ne eivät kehittyneet satojen tuhansien vuosien aikanakaan. Tunnettu paleoantropologi *Richard Leakey* totesi neandertalinihmisten työkalujen käytöstä: »Mutta kun uusi tekniikka oli vakiintunut, se ei enää juurikaan muuttunut. Alkanuttakin kautta leimasi uusien asioiden keksimisen asemasta muuttumattomuus».

Suhtaudumme luonnostaan vähättelevästi varhaisiin esivanhempiimme, vaikka tiedämme, ettei ulkonäköön perustuva arviointi kerro lajista kaikkea. Nykyihminen näyttää jo ensisilmäykseltä afrikanpystyihmistä (*Homo ergaster*) kehittyneemmältä ja neandertalinihmistäkin pidettiin pitkään »luolaihmisenä». Näissä yksinkertaisissa ja vähäpuheisissa sukulaislajeissa oli silti läsnä se sama arkaainen ja mystinen menneisyytemme, jota me tietämättämme palvomme kulttuurisamme ja seremonioissamme.

Neandertalinihmisen mielenmaailmasta ei ole olemassa luotettavaa tietoa, emmekä voi sanoa tietävämme millainen se oli. Voimme silti luoda siitä hypoteettisen mallin sen perustella, mitä millaiseksi oletamme täysikasvuisen neandertalinihmisen ja nykyihmisen eron. Täysikasvuiselle ja itsenäistyneelle neandertalinihmiselle aikuisuus toi mukanaan vaistot ja kyvyn sopeutua luontoon. Aikuinen neandertalinihminen ei ollut älykäs muttei tyhmä eikä kehittymätönkään. Nykyihmiseen törmätessään se oli elänyt muuttumatonta elämäänsä jo monta kertaa kauemmin kuin nykyihminen oli ollut olemassa. Todennäköisesti laji ei olisi muuttunut vieläkään, jos se olisi elossa. Se ei olisi sosiaalinen, ei puhuisi eikä eläisi nykyihmisten kanssa. Erot täysikasvuiseen nykyihmiseen ovat selvät.

Neandertalinihminen tunsi tulen ja yksinkertaiset työkalut, mutta vain muutamien aikuistumattomien yksilöidensä ansiosta. Nämä harvat olivat populaationsa keksijöitä ja kehityshäiriönsä vuoksi samanlaisia kuin poikkeukselliset heidelbergit tai nykyihmiset. Osa kirveistä ja kaapimista syntyi myös niin, että normaalit neandertalit matkivat ryhmien kekseliäitä yksilöitä. Kekseliäitä poikkeusyksilöitä on ollut kaikissa *Homo*-lajeissa ainakin 2,5 miljoonan vuoden ajan. Vastoin nykykäsitystä työkalujen valmistus ei tästä syystä ole mikään lajia määrittävä ominaisuus neandertalinihmisen eikä muidenkaan *Homo-lajien* kohdalla nykyihmistä lukuun ottamatta. Poikkeusyksilöiden harvalukuisuudesta kertoo se huomio, ettei työkaluissa muuttunut mikään aikana, joka kesti sata kertaa pidempään kuin oma sivilisaatiomme tähän saakka.

Neandertalinihminen metsästi pientä riistaa mutta suuremmat se hankki raatoina. Se kilpaili jäisissä ja karuissa olosuhteissa petojen kanssa raatolihasta, jota se paistoi nuotiollaan ja söi myös raakana. Sillä saattoi olla yrttien ja kasvien tuntemusta haavojen ja ruhjeiden parantamisessa, mutta varmuutta tästä ei ole. Asumusten rakentamisesta ei ole merkkejä, vaikka laji saattoi pysyä sijoillaan kymmeniä tuhansia vuosia. Ilmeisesti asumuksina toimivat valmiit luonnon tarjoamat suojat. Jatkuvan kylmyyden takia neandertalinihminen pukeutui taljoihin ja nahkoihin. Tämänkin se oli omaksunut aikuistumattomilta keksijä-lajikumppaneiltaan.

Neandertalinihminen eli rauhallisesti oman pienen lähipiirinsä kanssa. Muista lajinsa edustajista – nykyihmisestä puhumattakaan – se ei ollut kiinnostunut eikä pitänyt niihin yhteyttä. Se ei tuntenut venettä eikä osannut liikkua vesien ylitse. Sillä oli tuttu ikiaikainen ympäristönsä ja reviirinsä jossakin joen varressa, nykyisen Saksan, Ranskan tai Belgian alueella. Se puolusti aluettaan, mutta sotaa se ei tuntenut kuten ei tuntenut mikään ihmislaji ennen nykyihmistä. Kivikauden ihmisheimot varmasti jo sotivat keskenään, mutta neandertalinihminen ei, koska itsenäiseltä aikuiselta puuttuivat edellytykset suunnitelmalliseen kollektiiviseen toimintaan.

Afrikasta Euroopan mantereelle ilmaantuneen nykyihmisen erotti neandertalinihmisestä tummempi ihonväri sekä pidempi ja hoikempi ruumiinrakenne. Merkittävämmät erot olivat kuitenkin näkymättömissä. Ne eivät liittyneet ulkoisiin piirteisiin eivätkä suoraan edes aivoihin, vaan elintapoihin. Neandertalinihmisellä oli kätevät ja voimakkaat kädet, joilla se olisi voinut valmistaa tarve-esineitä ja tehokkaita työkaluja, jos se vain olisi halunnut. Sillä oli suurikokoiset aivot, suuremmat kuin nykyihmisellä. Niillä se olisi voinut kehittää älykkyyttään, jos vain olisi halunnut. Se olisi voinut myös hankkia liittolaisia ja muodostaa suurempia yhteisöjä puolustaakseen itseään paremmin, jos olisi halunnut. Se olisi voinut rakentaa kulttuureja ja ennen pitkää myös sivilisaatioita, mutta se ei halunnut. Nimenomaan haluaminen ei kuulunut neandertalinihmisen maailmaan. Tahto oli eläinmaailmassa, jos ei aivan tuntematon, niin ainakin täysikasvuisten yksilöiden parissa outo asia.

Voimme yrittää ymmärtää neandertalinihmisen sielunelämää vieläkin syvemmältä, vaikka »ymmärtäminen» saattaa tavoittaa huonosti lajia, jolle rationaalinen ajattelu ei ole samalla tavalla keskeinen kuin nykyihmiselle. Sielunelämäkin voi tuntua liioittelevalta ilmaisulta mutta se voi olla myös liian vaatimaton. Missään tapauksessa nykyihmiselle tuttu tietoisuus ei ollut normaalin aikuisen neandertalinihmisen ominaispiirre. On selvää, että jos neandertalinihmiseltä ja aikaisemmilta aikuisilta *Homo*-lajisilta puuttui tahto, puuttui niiltä myös meille ominainen kysymysten esittämisen ja vastausten etsimisen tarve, käsitemaailma ja kieli. Kaikkea rationaalisuutta neandertalinihmiseltä ei tietenkään voi sulkea pois, koska eläimetkin osaavat »päätellä», esimerkiksi arvioida riskejä.

Aikuistumisen myötä tahdon ja järjen mukana häviävät lähes kaikki nykyihmisen maailman erityispiirteet kuten aika, oikeudenmukaisuus, kauneus, yksilöllisyys, syy, jumaluus, synti, totuus ja rakkaus. Maailma on meille nykyihmisille paljon enemmän kuin irrallinen kokoelma asioita, mutta aikuisella neandertalinihmisellä ei ollut totuuksia, jumalia, uskontoa sen paremmin kuin identiteettiä, omistamisen halua, pettämisen halua, sotimisen halua eikä kuoleman pelkoakaan. Neandertalinihminen ei kapinoinut, ei valittanut, ei surrut, ei iloinnut, ei vihannut eikä närkästynyt. Se ei varastoinut eikä varustautunut, ei odottanut huomista eikä elänyt menneessä, ei katunut eikä juhlinut menestystä. Se ei rakastunut, uskonut, toivonut, ihastunut, kyllästynyt, tylsistynyt eikä himoinnut. Se ei koristellut eikä koristautunut, koska se ei tuntenut rumia, kauniita, iloisia eikä surullisia asioita. Se ei tuntenut mielihyvää eikä mielipahaa, vaikka se tietysti tunsi kipua. Se paritteli mutta seksiä tai häpeää se ei tuntenut.

Neandertalinihminen eli hetken kerrallaan, koska se ei ymmärtänyt aikaa. Siksi se ei tuntenut viime vuotta eikä ensi vuotta, ei myöskään viikkoja. Se ei tuntenut juhlia, paastoja, pyhiä eikä arkia. Se ei tiennyt, mitä tarkoittaa »kohta» tai »äskettäin». »Nyt» merkitsi sille elämää ja toimintaa. Se tunnisti nuoren ja vanhan mutta ei ikää. Se ei halunnut muutosta, vaikka asiat olisivat olleet huonosti – sen mielestä asiat olivat niin kuin olivat. Siksi se ei halunnut parantaa asioita, ei ollut syytä. Kylmä ja nälkä olivat elämää, siinä missä lämpö ja ruokakin. Se ei syyttänyt eikä moittinut, eikä myöskään hautonut kostoa, koska se ei tuntenut vääryyttä, oikeutta eikä oikeudenmukaisuutta, ei syntiä, rikosta, sovitusta, anteeksiantoa, hyvyyttä eikä pahuutta.

Se ei rukoillut, koska se ei tuntenut jumalia eikä paholaisia, ei taivasta eikä helvettiä. Se ei tuntenut mysteereitä, magiaa, taikoja eikä salaisuuksia. Se ei tuntenut valheita eikä totuuksia, ei paljastamista eikä peittelemistä. Se ei tuntenut voittoa eikä häviötä, vaikka se kuolemaa näkikin. Se ei tuntenut mitättömyyttä tai voimattomuutta mutta ei myöskään suuruutta.

Neandertalinihminen ei tuntenut lakeja, sääntöjä, normeja, suosituksia, kieltoja, komentoja, käskyjä, pyyntöjä eikä rukouksia. Se ei tuntenut välttämätöntä eikä mahdollista. Se ei suunnitellut eikä pohtinut vaihtoehtoja, koska niitä ei ollut. Se ei ollut tyytymätön, koska se ei tuntenut aietta, halua eikä pyrkimystä. Tässä merkityksessä se ei ollut aktiivinen. Se ei hahmottanut tapahtumia sarjoina tai ketjuina eikä luonut niiden välille yhteyksiä. Se ei tuntenut tarkoituksia, päämääriä eikä ideoita. Se ei selittänyt mitään, koska se ei tuntenut sellaiseen tarvetta. Se ei koettanut ymmärtää, koska sillä ei ollut tarvetta sellaiseen. Siksi sillä ei ollut ongelmiakaan. Se ei ylipäätään luokitellut eikä erotellut − ei ihmisiä, eläimiä, asioita, tekoja, aikoja eikä paikkoja. Asiat eivät olleet eriarvoisia eivätkä tasa-arvoisia, ne eivät olleet millään tavoin vertailtavia. Siksi se ei tuntenut arvoja, moraalia eikä paremmuuden tai huonommuuden asteita. Se tunnisti kylläkin käyttökelpoiset asiat.

Neandertalinihmisellä ei ollut myöskään rooleja, leikkejä eikä pelejä. Se ei tuntenut huumoria, vitsiä, satiiria eikä komediaa. Se ei ivaillut, pilaillut eikä valehdellut. Se ei kirjoittanut, laskenut, lukenut, piirtänyt eikä hyvin todennäköisesti puhunutkaan, vaikka varmasti äänteli. Se ei tuntenut merkkejä symboleina, mutta se osasi tulkita luontoa. Se ei rakentanut, ideoinut eikä eristänyt itseään luonnosta. Se ei tuntenut itseänsä yksilöksi, se kuului ympäristöönsä. Sillä ei siis myöskään ollut identiteettiä eikä minuutta meidän tuntemassamme merkityksessä. Se ei tahtonut niin kuin nykyihminen tahtoo, se vain teki tai oli tekemättä. Luultavasti se näki unia, ihmetteli ja epäili mutta ei ajatellut käsitteillä, koska sillä ei ollut sellaisia. Se ei tuntenut perhettä, vanhemmuutta, ei kotia eikä sukua nykyihmisen ymmärtämässä merkityksessä.[7] Se vältteli ilmeisiä vaaroja, ei siksi, että olisi pelännyt, vaan siksi, että se vaistosi niin. Se ei vertaillut asioita nähdäkseen niissä jotakin niiden ulkopuolista. Se näki vain asiat itsenään.

Neandertalinihmisen elämä oli täynnä vahvoja kokemuksia, jotka täyttivät sen kokonaan. Se hyväksyi kohtaamansa maailman eikä sen ei tarvinnut ryhtyä mihinkään toimiin parantaakseen sitä. Sille maailma oli valmis ja täydellinen. Kaikki vastukset kuuluivat maailmaan samalla tavalla kuin aisteille ja tarpeille antelias luontokin. Se tunsi mielenkiintoa olemista kohtaan, kaikessa sen karuudessa ja yksinkertaisuudessa. Sitä kiinnostivat eteen tulevat asiat mutta eivät niiden suhteet tai keskinäiset kytkennät, joita se ei juuri tajunnut. Se osasi auttaa

---

[7] Joidenkin teorioiden mukaan varhaisilla ihmislajin yksilöllä oli läheisimmät suhteet äitiinsä (tai kasvattajaansa) ja seuraavaksi läheisimmät sisaruksiinsa.

lajikumppaniaan, vaikka se ei tuntenut sääliä. Neandertalinihminen osasi »rakastaa» elämistä ja se teki sen vilpittömästi ja täysin sydämin, jos niin voidaan sanoa.

Onko menneisyyttä mahdollista selvittää tällä tarkkuudella? Aiempien *Homo*-lajisten maailma ei ole kokonaan kadonnut, sitä on edelleen eri kulttuurien tavoissa, laeissa, kielessä, käsityksissä, taiteessa, tieteessä, uskomuksissa ja uskonnoissa – ehkä enemmän tai ainakin ymmärrettävämmin kuin perimässämme. Kuulostaa ehkä liioittelulta yhdistää neandertalinihmiset omaan uskonnollisuuteemme, mutta on todennäköistä, että tarpeemme hengellisyyteen on nimenomaan kaipuuta inhimillisyyden taakasta vapautumiseen ja aikaan ennen nykyihmisen syntymää. Kulttuurit ovat yhdeltä osaltaan ihmisen biologisen muistin tuotteita ja ne heijastavat monin tavoin tätä kaukaista menneisyyttä. Tämä antaa myös mahdollisuuden arvioida kulttuureja yhtäläisin perustein. Kulttuuri on luovien ja kekseliäiden ihmisten aikaansaamaa. Tällaisten ihmisten kokemukset linkittävät meidät menneisyyteen ja luontoon, sen takia kulttuurin luomukset kestävät aikaa.

Kulttuurin keskeisiä ominaisuuksia ovat monimerkityksisyys ja tulkinnallisuus – asiat, jotka syntyvät siitä, ettei välähdyksenomaisesti näyttäytyviä aikuisuuteen liittyviä kokemuksia voida kuvata järjellisesti tyhjentävällä tavalla. Maailman vanhimman säilyneen eepoksen, *Gilgameshin,* eräiden tarinoiden voidaan tulkita kuvaavan sivilisaatioiden syntyä juuri muinaisuutemme mysteereitä vasten. On varsin todennäköistä, että tällaisia kuvauksia on ollut olemassa muitakin kymmeniä tuhansia vuosia vanhassa suullisessa perinteessä. Gilgameshissa tällainen »arkaainen aikuinen» esiintyi Enkidu-nimisenä myyttisenä miespuolisena hahmona, jota on usein arveltu neandertalinihmiseksi:

> »[jumalatar] Aruru pesi kätensä puhtaiksi, otti sormiinsa savea ja heitti tasangolle, loi alkumies Enkidun, sankarin, hiljaisuuden lapsen, Ninurtan joukon. Koko ruumis oli karvan peitossa, hiukset pitkät kuin naisen, kiehkurat kasvoivat runsaina kuin Nisaba. Ei hän tuntenut ihmisiä eikä maita. Hän kulki Shakkanin asussa, söi ruohoa gasellien kanssa, karjan seassa vaeltsi joelle juomaan ja tyydytti janonsa laumojen kanssa».[8]

Enkidua nimitetään hiljaisuuden lapseksi mikä on asiallisesti oikea kuvaus paitsi neandertalinihmisistä myös omista varhaisista esi-isistämme, puhumattomista heidelberginihmisistä. Se ei myöskään tuntenut ihmisiä eikä maita, koska ei kyennyt inhimillisesti erottelemaan asioita.

Alkuihmisen eli sivistymättömän olennon nähnyt metsämies kuvataan Gilgameshissa näin: »Mies oli synkkä, vaiti ja kauhistunut, mieli mustana, kasvot harmaat. Huoli kasvoi hänen sisimmästään; hän näytti kaukaisten polkujen vaeltajalta.» Tämä on edelleen nykyihmisen suhde täysikasvuisuuteen: kaukana siitä mitä hän kykenee ymmärtämään ja hyväksymään omasta syvimmästä itsestään.

---

[8] (Gilgamesh, 2003, s. I/26–28)

Huomionarvoista on, että tämän ihmisolennon kuningas Gilgamesh käski kesyttää, eli vieroittaa luonnosta, temppelin ilotyttö Shamhatin avuilla. On osuvasti huomautettu, että tämä kohta muistuttaa Raamatun kertomusta syntiinlankeemuksesta. Seksuaalisuus esitetään tässä nimenomaan sivilisaation merkkinä. Vasta ihmisen keskenkasvuisuuteen liittyvän seksuaalisuuden löytäminen tekee neitseellisestä villi-ihmisestä, Enkidusta, sivilisaatioon kelpaavan ihmisen.[9] Eepos ei yritä väittää, että seksuaalisuus yksin loisi sivilisaatiot, vaan esittää seksuaalisuuden nimenomaan erottavana piirteenä sivilisoituvan nykyihmisen ja luonnon välillä. Tämän jälkeen Gilgamesh kertoo kesytetystä Enkidusta: »Enkidu oli tahrannut puhtautensa; hänen jalkansa seisoivat, hänen karjansa kulki. Enkidu oli heikko, ei jaksanut juosta, mutta hän varttui, hänen ymmärryksensä kasvoi.» Enkidu oppii tässä ymmärtämään puhetta ja sosiaalisuutta. Hän unohtaa myös synnyinmaansa, oppii syömään leipää ja juomaan olutta, sekä pesemään itsensä. Jumalankaltainen Urukin kuningas Gilgamesh kesytti kumppanin tästä villimiehestä ja raakalaisesta, »ylämaan lapsesta».

Tässä tarinassa meille paljastetaan ensin oudolta tuntuva yhteys jumaluuden ja villi-ihmisyyden välillä minkä jälkeen sama yhteys todetaan sivilisaatiolle sopimattomaksi: vasta sitten, kun Enkidu tahraa neitseytensä ja kesyyntyy, näkee ihminen (Shamhat) hänet jumalan kaltaisena. Tämä sanoo: »Olet kaunis,

---

[9] (Gilgamesh, 2003, s. 191; Hämeen-Anttilan selitykset).

Enkidu, olet kuin jumala; miksi siis juokset laumojen kanssa?» Tässä paljastetaan kaikkien sivilisoituvien yhteisöjen perimmäinen tehtävä: vieraannuttaa ihminen aikuisuudesta (luonnosta) ja kääntää aikuisuuden merkitys sitten ylösalaisin. Sivilisaatioissa jumalien tehtävänä näyttää olevan alkuihmisen sivistäminen nykyihmisen kaltaiseksi siitäkin huolimatta – tai oikeastaan sen vuoksi – että tämä menettää kykynsä toimia luonnon kanssa. Mahtavat jumalat ovat sivilisaatiomyyteissä ihmisten seuralaisia, koska hallitsijajumalat ovat sivilisaation tuotteita, eivätkä luonnosta lähtöisin. Kulttuurien ja sivilisaatioiden olemusta kuvaa se, että Gilgameshin jumaluus ja valta ovat peräisin alkuihminen Enkidulta, eli luonnosta, mutta sivilisaatiota varten ne oli kesytettävä ja siistittävä. Gilgameshin tarina antaa ymmärtää, ettei luonnon aikuisuus ja täysikasvuisuus, eli alkuperäinen, raaka »jumaluus» kelpaa sivilisaation rakennusaineeksi, koska keskenkasvuinen ihminen pelkää sen irrationaalia ja vaistonvaraista olemusta.

Sivilisaatio muokkaa jumaluudesta sankarillisen, kiiltävän ja saavuttamattoman. Uskonnot, jotka alkoivat edustaa sivilisaation (kaupunkien) virallisesti hyväksyttyä hengellisyyttä, siistivät jo varhain täysikasvuisuuteen viittaavan jumaluuden kaikista sen pelottavista ja »epäsiveellisistä» aineksista. Muinaisen ihmisen lajityypillinen irrationaalisuus, vaistomaisuus ja immoraalisuus siivottiin piiloon sivistyksellä. Tosiasiallisesti sivistys alkoi halveksia myös sellaista, jota se julisti ihailevansa. Paradoksaalisesti sivilisaatio merkitsi alkuperäisen jumalallisen puhumattomuuden, epäsosiaalisuuden, tahdottomuuden ja järjettömyyden tuomista ihmisten välisen vuorovaikutuksen rakennusaineeksi täysin päinvastaisissa muodoissa: puhumattomuus kielenä, epäsosiaalisuus rakkautena, tahdottomuus seksuaalisuutena ja järjettömyys moraalina. Tästä sivilisaatioiden uskomattomasta ja häpeilemättömästä nurinkurisuudesta nousevat myös sen suuret ongelmat vuosituhannesta toiseen.

Jos on mahdollista katsoa neandertalinihmisen arkeen, on myös mahdollista hypätä inhimilliseen aikakapseliin, joka vie myyttien ja mysteerien syntymäaikaan, kymmenien ja satojen tuhansien vuosien taakse. Tätä matkaa ei ole estänyt aika, sillä se on oma luomuksemme, vaan ne opetetut kuvitelmat inhimillisestä ylemmyydestä, jotka vaikeuttavat meitä näkemästä ja kuulemasta todellista luonnettamme.

IHMINEN EVOLUUTION HAASTEENA

Myöhäisellä pleistoseenikaudella, noin 120 000 vuotta sitten, maapallolla vallitsi yksi sen monista jääkausista. Se sitoi Euroopassa vettä kilometrien paksuisiksi jääkerrostumiksi. Eteläisessä Afrikassa se vaikutti massiivisena kuivuutena. Siellä, vuosituhansia jatkuneessa kuivuudessa, eläneen heidelberginihmisen populaation tiedetään tuolloin kutistuneen sukupuuton partaalle.[10] Kun jääkauden vaikutukset viimein väistyivät, noin 110 000 vuotta sitten, oli populaatio suunnilleen samankokoinen kuin orankien

---

[10] Esim. Behar DM, Villems R, Soodyall H et al. (May 2008). The dawn of human matrilineal diversity. American Journal of Human Genetics 82 (5): 1130–40.

nykypäivänä.[11] Evoluutiobiologia nimittää tilanteita, joissa yli puolet populaatiosta tuhoutuu, »pullonkauloiksi» ja »väliaikaisiksi geneettiseksi ajautumisiksi» *(genetic drift* ja *intermittent drift)*. Pienenevä yhteisö merkitsee väistämättä pienenevää geneettistä monimuotoisuutta, mikä normaalisti heikentää elinmahdollisuuksia. Heidelbergeille kävi kuitenkin toisin: ne alkoivat selvitä paremmin. Tuosta kuivuuden selättäneiden muutamien tuhansien eloonjääneiden joukosta kasvoi erikoinen uusi ihmislaji.

Tutkijat ovat yksimielisiä siitä, että tuosta kuivuudesta hengissä selvinneet »elinkelpoisimmat» yksilöt lisääntyivät ja levisivät lopulta koko maapallolle. Olennaisimpaan kysymykseen he eivät kuitenkaan ole vastanneet: miksi juuri nämä yksilöt selvisivät? Mikä teki heistä muita elinkelpoisempia? »Kehittyminen» tai »paremmuus» ei selitä muutosta, vaan pikemminkin kuvaa lopputulosta.

Ihminen ei ainoastaan selviytynyt hengissä, vaan myös muuttui. Evoluution näkökulmasta muuttumiseen liittyy kuitenkin ongelma: uuden lajin syntymiseen oli liian vähän aikaa. Tutkimustiedon valossa syntymme edellyttäisi vähintään 100 000 vuotta, mutta heidelbergien muuttumiseen nykyihmiseksi kului siitä arviolta kymmenesosa.[12] Tämä ei riitä ihmisen

---

[11] Nykyihmispopulaatiota pienentäneenä katastrofina on pidetty myös Toban tulivuoren purkautumista Indonesiassa 70 000 vuotta sitten.

[12] Uusien nisäkäslajien synty kantalajista kestää 100 000–250 000 v.

muuttumiseen, vaikka jotkut tutkijat puhuvatkin »kiihdytetystä evoluutiosta». Muuttumisen täytyi sen vuoksi merkitä karsiutumista ja geneettisen monimuotoisuuden kapenemista. Toiseksi on oletettavaa, ettei kuivuudelta säästyneiden eloonjääminen olisi ollut mahdollista, jolleivät nämä olisi jo valmiiksi olleet jollain tavoin poikkeavia heidelbergien yksilöitä. Kyseessä ei voinut olla karuihin olosuhteisiin paremmin sopeutunut, vaan sen paremmin väistävä ihminen: se taisteli nimenomaan häviämistään vastaan. Evoluution kannalta ero ei ole pelkästään semanttinen. Jos olisimme voineet seurata heidelbergiläispopulaation muuttumista, olisimme nähneet, miten ankarat olosuhteet karsivat joitakin lajin yksilöitä vähemmän kuin toisia. Olisimme ymmärtäneet varsin pian, keitä luonto tässä tilanteessa suosi ja mitä lajin »syntyminen» tarkoitti.

Nykyihminen ei syntynyt sopeutumalla, vaan oikeastaan oli niin ehdottoman sopeutumaton, että pakotti muut sopeutumaan omiin tarpeisiinsa. Ihmisen kohdalla »tulla toimeen» sai merkityksen »taistella vastaan». Luontoystävyydestä tuli luontovihamielisyyttä. Eloonjäämisen tuloksena ihmisen poikkeuksellinen vastenmielisyys luontoa kohtaan populaatiossa lisääntyi. Sopeutumattomuus kääntyi luonnon sopeuttamiseksi, ja evoluutio lakkasi olemasta määräävä asia. Nykyihminen on ensimmäinen laji, jolla on ollut teknisiä ja taidollisia edellytyksiä eristäytyä ympäristöstään. Sopeutumattomuuden ja eristäytymisen merkkinä on ihmisten kapea perimä ympäri maapallon. Rodullisista erityispiirteistä huolimatta se on hyvin samanlainen ja DNA:n muuntelu vähäistä. Muihin kädellisiin verrattuna muuntelu on jopa epänormaalin vähäistä.

Teoksessa »The Descent of Man»[13] *Charles Darwin* esitti seksuaalisen valinnan ihmisen evoluutioon luonnonvalinnan ohella vaikuttavana tekijänä. Sen mukaan myös ihminen itse vaikutti kumppaninsa tai kumppaniensa valinnalla evoluution kulkuun. Seksuaalinen valinta oli hänen mukaansa luonnonvalinnan ja ihmisen eläimillä harjoittaman rodunjalostuksen välimuoto. Ihmisen syntymiseen sillä on voinut olla merkitystä, mutta vasta niillä yksilöillä, jotka lakkasivat aikuistumasta. Nämä karsivat populaatiostaan sen avulla normaalisti kehittyvät yksilöt. Nykyihmisen syntymisen jälkeen seksuaalinen valinta ei juuri muuta ihmistä, koska ihminen ei halua muuttua. Tällä hetkellä ihmislajin tulevaan muuttumiseen suhtaudutaankin epäilevästi. Muuttumisen mahdollisuus näkyy kahtena eri kysymyksenä: haarautuuko ihminen useammaksi lajiksi ja kehittyykö ihminen paremmaksi, jopa superihmiseksi. Ensimmäiseen kysymykseen on esitetty toteamus, että ihmiset elävät jo nyt kaikissa elinympäristöissä ja toisekseen ihmiset eivät elä eristäytyneesti. Kumpikaan ei edistä muuttumista eikä lajiutumista.[14] Ihmisen kehittymistä vastaan on taas sanottu, että »missään ei

---

[13] Teos on ilmestynyt suomeksi 2015 Anto Leikolan suomentamana nimellä »Ihmisen polveutuminen ja sukupuolivalinta», Terra Cognita.

[14] (Mayr, 2003, s. 397)

näy merkkejä parempia genotyyppejä suosivasta luonnonvalinnasta, joka sallisi ihmisten nousta nykyisen kapasiteettinsa yläpuolelle.»[15] Näin varmasti on, silti suurin syy ihmisen pysyvään muuttumattomuuteen on ihminen itse. Fysiologisesta tai sosiaalisesta evolutiivisesta kehittymisestä ei ole todellista näyttöä. Ihmisen näkeminen evolutiivisen kehityksen jatkumolla on mielekästä ainoastaan nykyihmisen syntymiseen saakka. Historiallisesti tarkastellen ihminen on pyrkinyt suojelemaan olemustaan aina ja vieläpä enenevässä määrin.

Todennäköisesti myös Darwinin oli vaikea nähdä ihmisen menestymistä luontoon »sopeutumisena». Ihminen oli selvästi poikkeus eikä ollenkaan niin sankarimainen kuin haluttiin ymmärtää. Kirjassaan Darwin kirjoitti: »Voi tuskin olla epäilystäkään siitä, että polveudumme raakalaisista. En milloinkaan unohda hämmästystä, jota tunsin nähdessäni ensi kerran joukon tulimaalaisia villillä ja louhikkoisella rannalla, sillä mieleeni tulvahti heti ajatus: tuollaisia olivat esi-isämme.» Myös paleontologi *Björn Kurténin* fiktiivisessä kirjassa »Musta tiikeri» kuvatut Cro-Magnonit olivat väkivaltaisia. Tutkijat ovat päätelleet Amerikan mantereen eläimistön muuttuneen radikaalisti viimeisimmän jääkauden jälkeen, samaan aikaan, kun ihminen saapui sinne. Pohjois-Amerikasta hävisivät mm. mammutti, kameli, hevonen, suuret vyötiäiset ja laiskiaiset. Kaikkiaan suurten hävinneiden eläinlajien osuus oli 70 prosenttia,

---

[15] (Mayr, 2003, s. 398)

Etelä-Amerikassa peräti 80 prosenttia. Sama toistui Australiassa, jossa ei ole ihmisen saapumisen jälkeen ollut lainkaan suuria eläimiä. Uudessa Seelannissa ihminen hävitti nisäkkäiden puuttuessa suuret linnut. Ihmisen osuudesta neandertalinihmisen sukupuuttoon kiistellään yhä. Yksi asia on kuitenkin varma: mikään muu laji ei »sopeudu» luontoon yhtä tuhoavalla tavalla.

Tuntuu ehkä uskalletulta väittää, että ihmisen luontovihamielisyys ja sopeutumattomuus olisi ollut lajimme syntymisen takana, mutta ilmeistä se on. Tutkijat ovat todenneet, että ihminen kykeni selviytymään ankarista olosuhteista inhimillisen suunnittelukykynsä ja mielikuvituksensa turvin. Vastaamatta kuitenkin jää, mistä tuollaiset ominaisuudet oikein ilmaantuivat. Lapsia ja nuoria on luontevaa ajatella ensimmäisinä kekseliäinä ja ympäristön paineisiin sopeutuvina ja parhaiten selviytyvinä yksilöinä. Kasvuikäinen on epäilevä ja ennakkoluuloinen luonnostaan. Juuri näitä ominaisuuksia selviytymisessä on tarvittu. Nuori on nokkela ongelmien ratkoja, jonka tarpeeksi pelokas suhde luontoon pitää hänet turvassa ulkoisilta uhilta. Tällä luonto on varmistanut lajin puolustuskyvyttömän jälkikasvun turvallisuuden. Mutta tässä on ongelma: pelkkien kasvuikäisten säilymisellä ei voi olla vaikutusta perimään. Siksi säilyneillä yksilöillä on täytynyt olla jo syntyessään jokin sellainen ominaisuus, joka säilyttää kantajansa kekseliäisyyden varttumisesta huolimatta. Ominaisuus oli ihmisessä valmiina ja odotti olosuhteita, joissa se olisi edukseen. Koska ominaisuutta ei ole ollut kaikilla, se on todennäköisesti ollut resessiivisesti periytyvä.

Työkalulöydöistä voimme päätellä, että *Homo*-lajisissa on aina ollut harvinaisia yksilöitä, joiden epätavallisena ominaisuutena oli jäädä varttumatta ympäristönsä hyväksyjiksi ja jäädä pysyvästi keskenkasvuisiksi. Nämä olivat meidän kaltaisiamme yksilöitä. Vaikka pidämme itseämme normaaleina, oli meistä nykyihmisen tekevä ominaisuus aikanaan poikkeava. Tässä merkityksessä inhimillisyys voidaan varmaan paikantaa johonkin kohtaan geneettistä koodiamme.

Siinä hämärässä tapahtumassa, jota nimitetään nykyihmisen syntymäksi, heidelbergien geneettisesti hallitseva ominaisuus alkoi poikkeuksellisesti esiintyä harvemmin kuin keskenkasvuisuutta aiheuttanut. Resessiivisyyden ja dominoivuuden välinen suhde kääntyi resessiivisyyden eduksi. Katalyyttinä toimi heidelbergien asuinalueen Afrikassa kuivattanut pohjoinen jääkausi. Nykyihmisen populaatio syntyi, kun inhimillisyyden eli luontoon sopeutumattomuuden ominaisuutta kantavat muutamat yksilöt jäivät eloon vuosituhansien kuivuudesta ja alkoivat lisääntyä samalla kun lajin normaalisti kehittyvään populaatioon kuuluvat eivät kyenneet selviytymään. Evoluutiobiologian termein nykyihmisen syntymään johtanut heidelberginihmisen muutos päättyi sopeutumattomuutta tuottavan resessiivisen geenialleelin voittoon ja dominoivan alleelin katoamiseen populaatiosta. Tähän muutokseen käytettävissä oleva aika riitti hyvin. Mitään muutosta geneettistä ajautumista lukuun ottamatta ei tapahtunut, laji ei myöskään kehittynyt, vaan oikeastaan päinvastoin: se taantui.

*Homo sapiens*ia on vaikea pitää omana lajinaan, vaan pikemminkin edelleen heidelberginihmisenä. Tiedemaailmassa ongelma on osin ratkaistu siten, että on luotu alalaji *homo sapiens sapiens*. Sillä tarkoitetaan *nykyistä* nykyihmistä, ja sen tarkoitus on antaa »lajimme» syntymiselle lisäaikaa. Eurooppaan tulleita nykyihmisiä nimitetään lisäksi hämmentävästi *Cro-Magnonin ihmisiksi*.[16] On vaikea nähdä, miten eri nykyihmiset eroaisivat toisistaan, kun erot »kantalajiimme» heidelberginihmiseenkin ovat lähes olemattomat. Pikemminkin kyse oli heidelbergien ajautumisesta geneettisesti poikkeaviksi ryhmiksi, joilla oli eri alleeliryhmät ja perinnölliset ominaispiirteet.[17]

Geneettiset periytymislait yhdistettyinä lajille sinänsä tuhoisiin mutta lajin keskenkasvuisille yksilöille otollisiin olosuhteisiin, saivat aikaan sen, että eloonjääneistä kehittyi vuosituhansien aikana keskenkasvuisten heidelbergien karsittu populaatio, jota sivilisaatiossa nimitetään »viisaiden ihmisten» lajiksi, *Homo sapiensiksi*. Kuivuus antoi lajin sisällä etulyönti-

---

[16] Nykyisin tieteellisempi termi on Euroopan varhaiset nykyihmiset, englanniksi *European early modern humans* (EEMH) tai *early Homo sapiens sapiens*.

[17] Alleelit ovat saman geenin vaihtoehtoisia muotoja, joilla on kromosomissa sama paikka.

aseman niille harvoille sopeutumattomille yksilöille, joiden käyttäytymisessä resessiivisen geenin vaikutus näkyi.

On syytä panna merkille, että työkalujen valmistus *Homo*-lajisten keskuudessa on pelkästään inhimillisesti poikkeavien eli keskenkasvuisten yksilöiden piirre, ei lajiominaisuus. Siksi *Homo habilista* tai *Homo erectusta* ei lajeina voi määritellä työkalulöytöjen perusteella. Työkalujen valmistaminen on näkyvä merkki keskenkasvuisuuden esiintymisestä varhaisissa ihmissukuisten populaatioissa. Populaation kehitystä määrittävä tekijä se ei ole, vaikka me ehkä haluaisimme nähdä sen niin. Niiden poikkeavien yksilöiden määrän, jotka kantoivat tätä ominaisuutta, voi laskea esinelöydöistä perinnöllisyystieteen laskentamalleilla. Summittaisenkin työkalulöytöjen määrän tietäen voi olettaa, että inhimillisyyden levinneisyys, eli sen ilmenemien määrä populaatioiden yksilöissä, pysyi vuosimiljoonia säännöllisesti suhteellisen matalana.

Myöskään lajien nimiin laitetut »kulttuurit» (esim. *Olduvain kulttuuri, Acheulin kulttuuri*) eivät voi olla lajien kulttuureita, vaan ainoastaan harvojen yksittäisten jäsentensä aikaansaannoksia, joita kylläkin on saatettu matkia laajemmin. Kulttuuriksi niitä pitäisi periaatteessa ymmärtää ja kehittää jotakuinkin tasapuolisesti koko yhteisössä, ei vain muutamien harvojen toimesta. Työkalujen muuttumattomuus kertoo varsin selvästi, että kehittäminen jäi yksille ja harvoille. Yleinen muutosten vähyys kertoo vakaista ulkoisista elinoloista ja siitä, että inhimillisesti käyttäytyviä yksilöitä syntyi suhteellisen harvoin. Nämä eivät pystyneet yksin luomaan mitään kulttuuria eivätkä etenkään pitämään sellaista yllä.

Sopeutumattomien yksilöiden esiintymien määrä viittaa inhimillisyyteen sukupuoleen sitoutuneena periytymisenä. Se voi tarkoittaa inhimillisyyden periytymistä samaan tapaan kuin punavihersokeus tai hemofilia. Jos asiaa katsotaan yleisesti, lähtökohtaisesti meitä kiinnostavien varhaisten heidelbergien populaatiossa oli kahdenlaisia jäseniä: suurin osa normaalisti kehittyviä heidelbergejä ja niiden joukossa aina silloin tällöin keskenkasvuisiksi jääviä. Geneettisesti populaatiossa oli kuitenkin keskenkasvuisuuden suhteen monenlaisia heidelbergejä sen vuoksi, että sukupuolikromosomeihin liittyvät resessiiviset ominaisuudet ilmenevät harvemmin naispuolisissa: normaalien mies- ja naispuolisten lisäksi oli keskenkasvuisia mies- ja naispuolisia sekä keskenkasvuisuutta aiheuttavaa geenialleelia kantavia naispuolisia, joiden keskenkasvuisuus ei ollut aktivoitunut. Koska vaikuttaa todennäköisemmältä, että inhimillisyyden aiheuttava geenivirhe esiintyi resessiivisenä sukupuolikromosomin X-kromosomissa, olisivat useimmat keskenkasvuiset aluksi poikia. Siitä seuraisi, että keskenkasvuisten poikien määrä lisääntyisi tyttöjen määrää nopeammin. Syntyvien kulttuurien kohdalla se tarkoittaisi todennäköisesti miespuolista painotusta ja saattaisi selittää työnjaon ja sukupuoliroolien syntymisen muista patriarkaalisista kulttuuritendensseistä puhumattakaan.

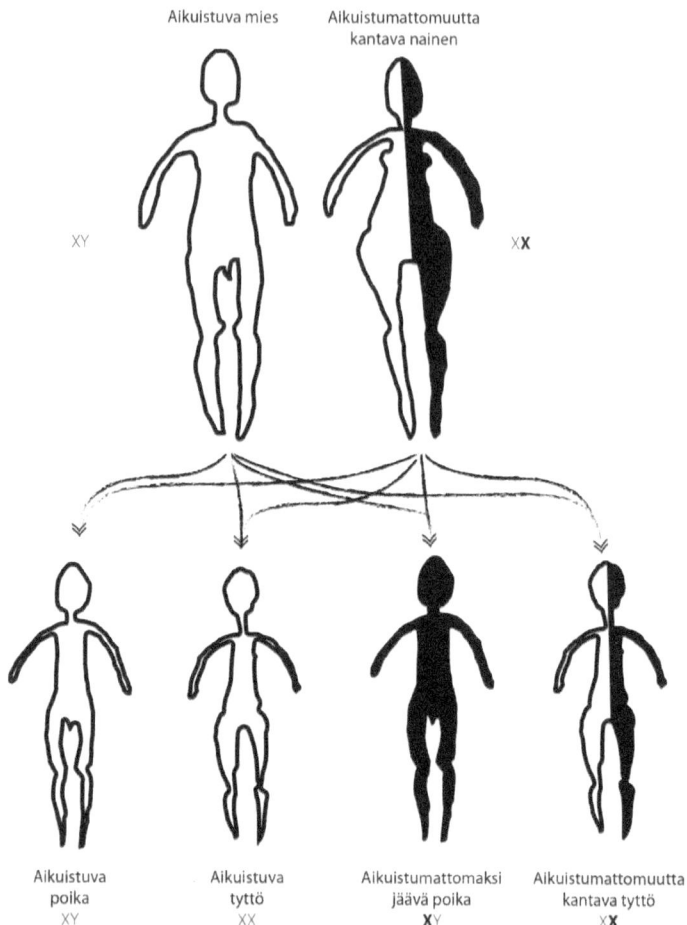

»**Nykyihmislajin synty**» – *Jos keskenkasvuisuus periytyy sukupuolikromisomissa, voi »lajimme» synnyn yksi vaihe olla tällainen. Esimerkissä mies kehittyy aikuisuuden suhteen normaalisti ja naisella on aikuistumattomuutta aiheuttava geeni. Jälkeläisistä pojilla on 50 prosentin todennäköisyys jäädä keskenkasvuiseksi, mutta tytöt kehittyvät normaalisti, vaikka jotkut heistä kantavatkin äitinsä tavoin keskenkasvuisuutta aiheuttavaa geeniä.*

Mitä enemmän keskenkasvuisia syntyi, sitä todennäköisemmin nämä pariutuivat keskenään ja lisäsivät uusien keskenkasvuisten syntymisen todennäköisyyttä. Normaaleja täysikasvuisia syntyi myös, mutta niitä syrjittiin ja ne jäivät vähitellen vähemmistöksi. Ennen pitkää alkuperäinen dominoiva geenialleeli ja sen tuottama ominaisuus eli normaali täysikasvuisuus lakkasi näkymästä populaatioissa.

On kuitenkin vaikea sanoa, sijaitseeko sopeutumattomuutta aiheuttava geenialleeli juuri sukupuolikromosomissa ja periytyykö se esitetyllä tavalla, mutta esimerkki sopii kuvaamaan nykyihmispopulaation kasvua. Muutamien vuosimiljoonien ajan ennen nykyihmisen levittäytymistä varhaisten *Homo*-lajisten populaatioissa resessiivinen geeni oli näyttäytynyt harvinaisena sopeutumattomuutena ja ominaisuudesta siellä täällä kielivinä kivityökaluina. *Homo*-lajisia oli jo alusta asti saatellut jossain määrin lisääntyvä taipumus keskenkasvuisuuteen, mikä näkyi lähinnä työkaluesiintymien määrässä. Mutta mitään merkittävää kehittymistä esimerkiksi työkalujen laadussa *Homo habiliksesta* (»käteväihminen») *Homo ergasteriin* (kreik. »työmies») ei tänä aikana oikeastaan ollut, eikä *Homo erectuksen* (»pystyihminen») muuttoliike Afrikasta eri puolille maapalloa sekään eronnut suurten maanisäkkäiden vastaavista liikkeistä.

Vasta »kulttuurivallankumouksena» tunnettu, niin sanottu viides hyppäys ihmisen kehityksessä reilut 100 000 vuotta sitten, kertoo keskenkasvuisten määrän merkittävästä kasvusta. Vuosituhansien pituisen ympäristökriisin aikana eloon jäi useammin harvinainen keskenkasvuinen kuin normaali heidelberginihminen. Eloon jääneet keskenkasvuiset oppivat varastoimaan vettä, hyödyntämään kasvit ja kuolleet eläimet normaaleja heidelbergejä paremmin. Ne oppivat parantamaan miljoonia vuosia samanlaisia pysyneitä työkaluja ja metsästysvälineitä varsilla ja nyöreillä ja vaihtamaan raadonsyönnin järjestäytyneeseen metsästykseen. Heille sopeutumattomuus antoi mahdollisuuden piiloutua ympäristön vaikutuksilta ja suojella samalla omaa muuttumattomuuttaan. Luontoon normaalisti sopeutuvat lajin jäsenet kuolivat yksi toisensa jälkeen.

Tämä luonnon näkökulmasta henkisesti keskenkasvuiseksi jäänyt ihminen ei antanut periksi eikä suostunut taipumaan ympäristön ehtoihin lajikumppaninsa tavoin. Hänen menestyksensä takana oli itsekkyys ja ilman muuta myös rationaalisuus. Sen avulla nuoruuteen henkisesti juuttunut heidelberginihminen tavoitti maailman päättelemällä, ilman että hänen tarvitsi aina tehdä vaivalloisia tarkistuksia. Hänestä tuli nopeampi ja tehokkaampi. Älykkäänä ja taitavana hän saattoi suunnitella omia tekemisiään. Hän oli varovainen, koska hän kykeni käyttämään mielikuvitustaan ja ajattelemaan mahdollisia asiantiloja. Parempina aikoina hän kauaskatseisesti otti huomioon myös huonommat ajat. Jos mahdollisuudet näyttivät heikoilta, hän odotti parempia aikoja.

Kun normaalien heidelbergien joukosta ei löytynyt enää niitä, jotka olisivat voineet venyttää omaa sopeutumistaan, kuoli varsinainen laji hiljalleen sukupuuttoon. Uudet, normaaleiksi syntyneet heidelbergitkään eivät selvinneet keskenkasvuisten tavoin. Syynä ei aina ollut pelkästään luonto, vaan myös keskenkasvuisten ennakkoluulo kaikkea heille vierasta kohtaan. Normaalit heidelbergithän olivat osa luontoa ja keskenkasvuiselle samalla tavalla vierasta kuin ankara ympäristökin. Keskenkasvuiset pitivät ensisijaisesti yhtä keskenään ja sen seurauksena heidän suhteellinen määränsä populaatiossa kasvoi jatkuvasti.

Muuttumattomuuden hintana oli jotain, mitä eloonjäänyt ei voinut siitä itse vaille jääneenä tietää: hänestä ei koskaan kasvaisi luontoon kuuluvaa ja sen ehdoitta hyväksyvää jäsentä. Keskenkasvuisen ylimielisyys tiivistyi yhteisössä kokonaan uudenlaiseksi maailmankatsomukseksi ja veisi häneltä suhteellisuudentajun ympäröivään luontoon. Luonto ja siihen kuuluminen jäisi hänelle ikuiseksi mysteeriksi ja hänen oma henkinen keskenkasvuisuutensa näyttäytyisi kehittymisenä. Luonto tulisi olemaan joko yliluonnollista tai helvetillistä. Omaa erinomaisuuttaan hän ei kuitenkaan koskaan epäilisi.

Ihminen elää perimänsä takia jatkuvassa ympäristökriisin pelossa, osittain siksi, että hän syntyi sellaisesta Afrikan kuumalla ja kuivalla aavikolla. Ihmiselle on luontevaa seurata ympäristönsä muutoksia ja koettaa selviytyä sen vaatimuksista. Hänen viimeinen oljenkortensa on sopeutua niihin, mutta jos hän voi muuttaa ympäristöään, hän tekee sen. Ihmisellä on perintönä vihamielinen suhde ympäristöönsä ja se tulee helposti esiin, jos sitä tuetaan. Halu seurata säitä, luonnonmerkkejä, taivasta ja taivaankappaleita on syvällä ihmisyydessä. Luonnossa tapahtuvat muutokset ovat ihmiselle katastrofeja, vaikka ne olisivat luonnon normaalia muuttumista. Ihminen pelkää muutoksia, hän pelkää kohdata omaa ihmisyyden syntymäänsä uudelleen. Jokaisessa luonnonkatastrofissa on läsnä ihmisen syntymä ja ihmisen syvimmät pelot, hänen oman inhimillisyytensä piilotettu heikkous. Ihminen on laumaeläin monin verroin enemmän kuin mikään tunnettu muu olio. Ihmisen sitoutuminen muihin ihmisiin ei ole normaalia eläimen laumavaistoa, vaan keskenkasvuisen olion pelokasta ja itsekästä turvan hakemista. Se sitoo yksilöt toisiinsa etujen saavuttamisen kautta. Ihminen ei ymmärrä luonnossa esiintyvän sitoutumisen merkitystä, sitoutumiseen liittyvää vastuuta, vapautta eikä yhteistä hyötyä. Ihmisen laumavaistossa keskeistä on yksilöllisyys. Koska ihmisen yksilöllisyyden tarkoitus on tuoda kantajaansa esille ja saada mahdollisimman monien tuki, se toteutuu parhaiten matkimalla niitä, jotka jo ovat suosiossa. Ihmisen yksilöllisyys on paradoksaalisesti kaikkien samanlaisuutta ja kilpailua samanlaisuudesta. Ihmisen laumavaisto on keskeneräinen, yhden kehitysvaiheen ylikehittynyt mekanismi. Suurissa yhteisöissä eläminen ei ole enää ainoastaan suojautumista luonnolta vaan siitä on tullut luontoakin oikeampi todellisuus. Se on syrjäyttänyt luonnon ja luonnosta on paikoin tullut tarpeeton osa maailmaa. Luonto on välttämätön paha, inhimillisten tarpeiden resurssi, ihmisen vastakohta, villi ja kesytettävä.

Ihmislajien menneisyyttä tutkiville paleontologeille ja antropologeille nykyihmisen jättämien jälkien määrä on melkoinen verrattuna aiempien lajien jälkiin. Afrikassa vaatimattomana alkanut työkalujen valmistus muuttui nykyihmisen syntymisen myötä. Ensimmäistä kertaa alettiin valmistaa koristeltuja esineitä, koruja ja maalata luonnosta löytyvin värein eläin- ja ihmishahmoja luolien seiniin. Vaatteiden valmistaminen alkoi noin 70 000 vuotta sitten. Afrikassa asustava ihminen ei olisi tarvinnut vaatteita säiden takia mutta kyse ei ollutkaan sääsuojasta. Vaatetuksemme kertoo enemmänkin psyykkisestä muutoksesta, kun pukeutuva ihminen peitti luonnon itsessään. Etelä-Ranskassa Lascaux'ssa sijaitsevan luolan seinämiin taidokkaasti maalatut lukuisat alkuhärkien, hevosten ja saksanhirvien kuvat ovat nykyisinkin mittapuin hämmästyttävän taitavasti tehtyjä. Nämä jääkauden loppupuolella, 18 000–11 000 vuotta sitten, maalatut kuvat edustavat aikaisempaan verrattuna ennennäkemätöntä taitoa ja kulttuuria. Nykyisinkin mittapuin maalaukset ovat korkeatasoisia, vaikka ne tehtiin yksinkertaisin välinein alkeellisissa olosuhteissa. Tuolloin valmistettiin myös veistoksia, kaiverruksia ja korkokuvia kiveen ja luuhun. Paleontologi *Richard Leakeyn* mukaan muutos oli »huimaava – jopa niin huimaava, että pitäisi muistaa sen ehkä sokaisevan meidät takanaan olevalta todellisuudelta». Tämä on totta monellakin tavalla. Kyse ei ollut kehittymisestä, vaan taistelusta luontoa ja lajityypin ominaisuuksia vastaan. Se oli keskittymistä omaan itseen ja sen heijastamista kulttuuriin.

Nykyihminen elää psyykkisesti varsin muuttumattoman elämän lapsuudesta vanhuuteen. Alkuperäinen heidelberginihminen sen sijaan muuttui aikuistuessaan. Kyse ei ollut nykyisin ymmärretystä värittömästä sosiaalisesta »aikuistumisesta», joka tarkoittaa lähinnä sopeutumista paitsi yhteisön sääntöihin myös henkilökohtaiseen epätietoisuuteen. Heidelberginihmiselle aikuistuminen oli erkaantumista emoriippuvuudesta ja orientoitumista identiteetittömäksi ja tahdottomaksi luonnon osaksi. Se oli luonnon hyväksymistä ja lapsuuden mielenmaiseman kadottamista. Nykyihminen diagnosoi vastaavat itsenäistymiseen liittyvät mentaaliset muutokset vakavaksi uhaksi ja jopa sairauksiksi.

Me olemme edelleen heidelberginihmisiä mutta ilman niiden alkuperäistä mielenmaailmaa. Tämä piirre teki meistä elämän tarkoitusta etsiviä levottomia vaeltajia. Kaipaamme epätoivoisesti olla esi-isiemme kaltaisia viisaita, pelottomia ja luontevasti maailmaan sopeutuvia luonnonolentoja, vaikka se ei oikein onnistukaan. Maailma on meille liian autio, hiljainen, emmekä ymmärrä sen kieltä. Tunnemme nyt samalla tavalla kuin jotkut harvat kaltaisemme kivikirveen tekijät tunsivat jo pari miljoonaa vuotta sitten, pelkäämme, iloitsemme, vihaamme, rakastamme, ihmettelemme. Me keskenkasvuiset yritämme ymmärtää, miksi olemme tulleet maailmaan, josta puuttuvat aikuiset. Tunnemme, että tämä on aikuisten maailma ja siinä jokaisella kummallisellakin asialla on pakko olla paikkansa ja tarkoituksensa, vaikka kukaan ei kerro sitä meille. Etsimme ratkaisua aikuisuuden ongelmaan keskenkasvuisten logiikalla – touhuamalla ja yrittämällä näyttää viisailta.

Ihmistutkimuksissa näkyy vahva missio todistaa nykyihminen oikeaksi lajiksi ja määritellä pelkälle älykkyydelle rakennettu kapeakatseisuutemme laaja-alaisuudeksi. Ihminen ei kuitenkaan ole millään tavoin erityislaatuinen eikä nykyihmistä voi oikein pitää omana lajinakaan. Ongelmamme on se, että yritämme ymmärtää menneisyyttä »sukujen» ja »lajien» kaltaisilla hypoteettisilla konstruktioilla, jotka on luotu teoreettisiksi apuvälineiksi eikä todellisuuden kuvauksiksi. Ne eivät ole peräisin luonnosta, vaan tarpeestamme todellisuuden yksinkertaistamiseen. Ihmisen ymmärtämiseen näistä jaotteluista ei ole hyötyä, päinvastoin ne johtavat meidät teorioihin, jotka ovat toinen toistaan mielikuvituksellisempia.

Voimme ymmärtää oman kulttuurimme erilaisuutta vain, jos ajattelemme sitä oman muinaisuutemme ja sen etsimisen heijastuksina ja sivistystä taas lajityypillisten ominaisuuksiemme turhana häpeänä ja kieltämisenä. Henkiset juuremme eivät ole antiikissa, Kaksoisvirtainmaassa tai edes kuivassa Afrikassa 100 000 vuoden takana, vaan paljon kauempana *Homo*-suvun syntymässä. Inhimillisyys ei ole jumalallista alkuperää, vaan poikkeavuus, joka tekee ihmisistä luontoon sopeutumattomia. Hämmästyttävää on, että tämä on ollut tiedossa vuosituhansien ajan.

EDENIN PUUTARHA

-- Vain siitä puusta, joka on keskellä paratiisia, Jumala on sanonut: »*Älkää syökö sen hedelmiä, älkää edes koskeko niihin, ettette kuolisi.*« *Silloin käärme sanoi naiselle:* »*Ei, ette te kuole. Mutta Jumala tietää, että niin pian kuin te syötte siitä, teidän silmänne avautuvat ja teistä tulee Jumalan kaltaisia, niin että tiedätte kaiken, sekä hyvän että pahan.*«

Hyvän ja pahan tiedon puuta pidetään tarinaa tuntevissa kulttuureissa inhimillisen syyllisyyden alkulähteenä. Lähi-idän vanhaan kerrontaperinteeseen kuuluvalla tarinalla ensimmäisistä ihmisistä, Aatamista ja Eevasta, on ollut suuri vaikutus länsimaiseen ajatteluun ja kulttuuriin. Jumala antaa Aatamille vapauden syödä kaikista muista paratiisin puista paitsi »Hyvän ja pahan tiedon puusta». Sen hedelmien syöminen merkitsee »kuolemalla kuolemista», joka voidaan tulkita inhimillisen tiedon, seksuaalisuuden, syyllisyyden ja häpeän syntymisenä. Myytin levinneisyydestä huolimatta sen rationaalinen tulkinta on edelleen ongelma.

Tunnettu akateemikko *Georg Henrik von Wright* piti 1950-luvulla esitelmän, jonka sisältönä oli kolme tietoon liittyvää myyttiä ja niiden tulkinnat. Antiikin Kreikan Prometheuksen ja paholaiselle sielunsa myyneen tohtori Faustin ohella von Wrightin aiheena oli hyvän ja pahan tiedon puun myytti.[18] Filosofin tulkinta päättyy lyhyehkön esittelyn jälkeen jotensakin odotetusti paradoksiin. »Luullakseni emme pysty selittämään tätä epäloogisuutta», hän sanoi lopuksi. Paradoksi syntyi kiellosta syödä tiedon puun hedelmiä, mikä käärmeen mukaan teki ihmisistä Jumalan kaltaisia ja toisaalta vaatimuksesta tulla Jumalan kaltaiseksi. Johtopäätöksenä von Wright kehotti olemaan luottamatta liikaa »järjen ratkaisuihin» ja varoitti tiedon kaksinaisesta luonteesta. Päätyessään siihen hän siteerasi *John Miltonin* Kadotettua paratiisia, jossa ihmetellään, onko tieto synti:

Puu, tiedon puuksi nimitetty, heiltä
on kielletty. Siis kiellettykö tieto?
Kuink' omituista! Miks ei Herra heille

---

[18] Wright Georg Henrik von : Humanismi elämänasenteena. - Hki : Otava, 1983.

voi sitä suoda? Onko tieto synti?
Se toisko kuolemaan? Siis heitä suojaa
vain tietämättömyys? Siin' onni onko?
ja vakuus nöyrän, uskollisen mielen?

Kuitenkin juuri järjellä oli paradoksin pääosa von Wrightin tulkinnassa: »Järki, jonka Jumala on ihmiselle antanut, on hänessä itsessään kehittynyt korkeimmilleen. Jos siis ihmisen velvollisuutena on tulla täydelliseksi kuin Jumala, hänen täytyy myös kehittää järkeään yli kaikkien rajojen».[19] Von Wrightin mukaan »järki kuuluu erottamattomasti ihmisessä piilevään jumalankuvaan». Se tarkoittaa, että jumala on järjellinen, koska ihminenkin on. Usko järjen ylivoimaisuuteen ja ainutlaatuisuuteen on sekä humanismin että filosofian perustotuus.

Von Wright päätyi toteamaan, ettei Raamatun ristiriidaton tulkinta ollut enää valistuneelle ihmiselle tärkeä tehtävä. Ihmisellä oli järki ja ihmisen täytyi sitä käyttää mutta ehkä niin, että ihminen tiesi sekä sen hyvät että pahat seuraukset. Mutta von Wright antoi turhaan periksi, koska myytissä oli paljon muutakin ja se oli avoimesti esillä.

Alussa von Wright oli tarkastellut »hyvän ja pahan tiedon puun» erikielisiä käännöksiä ja todennut, että ruotsalainen käännös »*på gott och ont*»[20] johti ymmärtämään perusajatuksen

---

[19] Em. teos, s. 34

[20] Von Wrightin äidinkieli oli ruotsi.

väärin eli niin, että puun antama tieto voi olla hyväksi tai pahaksi eikä kuten pitäisi, että puu antoi tietoa siitä mikä oli hyvää ja mikä pahaa. Hän oli oikeilla jäljillä, mutta sitten jostain syystä kääntyi takaisin. Hän ei esimerkiksi sanonut, että »tieto hyvästä ja pahasta» ei tarkoittanut pelkästään hyvän ja pahan tietämistä, vaan myös niiden erottamista eli tuomitsemista. Tuomitseminen taas tarkoitti moraalia, mikä merkitsi sitä, että moraalisuus oli Raamatun mukaan kiellettyä.

Von Wright ei halunnut selittää »hyvää ja pahaa tietoa» moraaliksi. Moraali oli sentään sivistyksen peruspilari niin kuin järkikin. Järjellä ja moraalilla täytyi olla humaani tehtävä, josta myytissä ei vain kerrottu. Ehkä von Wright aavisti, että niissä oli kyse pohjimmiltaan samasta asiasta: erottelemisesta. Olihan järjellä ja moraalilla yhteisiä piirteitä kuten luonnonlaeilla ja moraalilaeillakin. Ihminen erotteli samalla tavalla olevat ja olemattomat, samanlaiset ja erilaiset, muuttuvat ja muuttumattomat, lukumäärät, etäisyydet, koot ja ajalliset erot samalla tavalla kuin hyvät ja pahat asiatkin. Mutta jos von Wright hyväksyisi järjen ja moraalin yhteiset juuret, hän joutuisi kieltämään myös järjen. Kyse ei ollut siitä, ettei järjellisyys ollut tärkeää vaan ettei se ollut edes sallittua. Hyvän ja pahan tiedon puusta leviävät järki ja moraali olivat enemmän kuin pikkusyntejä. Humanismi olisi mennyttä, jos hän hyväksyisi moraalin ja järjen sukulaisuuden. Von Wright ei varmasti halunnut päätyä tällaiseen ratkaisuun, vaan mieluummin tyytyi toteamaan tulkinnan mahdottomaksi.

Moraali liittyy myös Aatamin ja Eevan sukupuolisuuden esille nostaneeseen *häpeään*, joka jostain syystä puuttui von Wrightin henkevästä analyysistä. Kenties von Wright ei pitänyt asiaa aiheensa kannalta mielenkiintoisena tai sitten seksuaalisuuden esilletuominen oli tilaisuuden tyyliin sopimatonta. Ehkä hän nojasi sivistyksen tulkintaan Aatamin ja Eevan häpeästä, jossa tämä tarkoitti seksuaalisuuteen liittyvän »lihan synnillisyyden» tiedostamista ja hengen kaipausta alhaisesta ylös puhtaampaan todellisuuteen. Tällainen tulkinta oli kuitenkin hämmentävä, koska Jumala ei ollut kieltänyt seksuaalisuutta. Osuvampaa olisi ollut sanoa, että syntistä ei ole liha eikä alastomuus, vaan se, että ihminen pitää Jumalan luomaa häpeällisenä. Viikunanlehdet viittasivat moraaliin, jolla Aatami ja Eeva suojautuivat säästyäkseen Jumalan aiheuttamalta häpeältä. He häpesivät raadollista ja eläimellistä olemustaan. Moraalilla, johon järki erottamattomasti kuului, he kielsivät omat lajipiirteensä. Tämän myytin Jumala oli luonnon jumala, ei sivilisaation, siitä ei ole epäilystäkään.

Niin sanotun »siveellisen maailmanjärjestyksen» mukaan on jonkinlaista tuomitsemista ja erottelua pakko olla, jos maailmassa halutaan säilyttää järjestys. Tämä on ymmärrettävää mutta silti Raamatun jumalakuvan vastaista. Sivistys hyväksyy paradoksin siitä huolimatta, että myytin paratiisi ominaisuuksineen muuttuu itsensä irvikuvaksi ja Jumala sen ylimmäksi tuomariksi. Epäusko luotua, eli Jumalan maailmaa kohtaan, alkaakin sivilisaatiossa merkitä hyvettä ja luonnollisuus pahetta.

Oma sisäinen moralismimme alkaa kuvata ulkoista maailmaa hyväksyttävinä ja ei-hyväksyttävinä asioina. Ihmisen on sen jälkeen vaikea nähdä, että »pahan» kaltaiset moraaliset attribuutit kuvaavatkin lähettäjäänsä eivätkä niiden kohdetta. Moraalista kannanottoa luonnehtiva sananparsi »siinä paha missä mainitaan» tunnetaan useissa kulttuureissa.[21] Se ei yritä sanoa, että pahan mainitseminen tuo pahan esille, vaan että »pahan puhuminen» on pahan luomista ja että paha syntyy samalla hetkellä, kun siitä puhutaan. Tämä on myös Luomiskertomuksen sisältämä ajatus. Pahuus, sen enempää kuin häpeäkään, ei ole havaintojen kohde, vaan näkökulma: voimme tuntea vain oman »pahuutemme» tai häpeämme. Tuomitseminen ei kuulu luontoon eikä paratiisiin.

Asian hyvin ymmärtänyt Nietzsche kommentoi taajaan sivistyksen nyrjähtäneitä moraalikäsityksiä. Hänen ilmaisunsa »hyvän ja pahan tuolla puolen» tarkoitti »immoralismia» eli arkisen tuomitsemiseen ja erotteluun perustuvan asenteen ylittämistä. Hän kritisoi keskenkasvuista inhimillisyyttä ja puolusti täysikasvuisuutta. Tosin hän kutsui jälkimmäistä harhaanjohtavasti »herramoraaliksi», mutta hänelle se tarkoittikin sivilisaation itselleen orjaksi alistaman ihmisen herruuden palauttamista. »Orjamoraali» taas kuvasi inhimillisyyttä. Mutta hän ei tyytynyt pelkästään nimityksiin, vaan halusi sanoa pahan

---

[21] Esim. »Wenn man von Teufel spricht, ist er nicht weit» (saks.) ja »Quand on parle du loup on en voit la queue» (ransk.).

tarkoittavan orjamoraalissa sitä, mitä hyvä tarkoitti herramoraalissa:

»- - kuka oikeastaan on »paha» kaunamoraalin tarkoittamassa mielessä. Vastaus kuluu kaikessa ankaruudessaan näin: juuri tuon toisen moraalin »hyvä», juuri ylhäinen, mahtava, hallitseva, vain toisin väritettynä, toisin tulkittuna, vain kaunan myrkyllisin silmin toisella tavalla nähtynä».

Sivilisaation hullunkurisuus näkyy uskonnon näkökulmasta karkeimmin siinä, että se antaa ihmisen syyttää omia Jumaliaan. Kun sivilisaation ihminen osoittaa omalla keskenkasvuisen moraalisella sormellaan syyttävästi Jumalaansa, se kertoo, että nykyihminen on syntyjään luonnon vihollinen. Sivilisaatiokulttuuri kieltää ihmisen lajimenneisyyden ja luo vahvat moraalisäännöt ohjaamaan ihmisen pois tästä brutaalista menneisyydestä ja sen luontouskomuksista. Se määrittelee luonnontilan villiksi, kehittymättömäksi ja alhaiseksi niin kuin Aatami ja Eevakin tekivät. Sivilisaation se sen sijaan määrittelee pyrkimykseksi Jumalan luo. Mitään nurinkurisempaa tuskin voi ajatella. Tätä me kuitenkin nimitämme inhimillisyydeksi.

Sivilisoituneen nykyihmisen on vaikea ymmärtää luomiskertomusta luonnon näkökulmasta. Se on helppo tulkita väärin myös tahattomasti. Synti, josta häpeä on merkkinä, ei ole mikään osoitettavissa oleva asia, esimerkiksi seksuaalisuus, vaan ihmisen tahto. Tahto on kasvamisen mekanismi, jota häpeä vahvistaa. Kummatkaan eivät kuulu itsenäiselle aikuiselle. Näiden kieltäminen Paratiisissa tarkoittaa sitä, etteivät ne kuulu aikuisille. Se mitä tahtova ihminen häpeää on yhdentekevä seikka, vain »syyttävät sormet» ovat syyllisiä. Kierkegaardin toteamus: »se, joka joutuu kiusaukseen, on itse syypää kiusaukseensa» on ymmärrettävä jotakuinkin samalla tavalla.[22] Tahto ei kuulu paratiisiin niin kuin ei järkikään, mutta siitä huolimatta molemmat ovat humanismin kulmakiviä.

Luomiskertomus on todellinen pikakelaus keskenkasvuisuutemme perusteisiin. Se kertoo millainen alkuperäinen ihmislaji oli (eli paratiisissa), miten siitä tuli nykyihminen (karkotettiin paratiisista), mistä moraali tulee (hyvän ja pahan tiedon erottelusta), miten keskenkasvuisuus näkyy (tahtona, järkenä, tietoisuutena ja häpeänä) ja mikä on nykyihmisen osa (epätietoisuus, Aatamin ja Eevan rangaistus). »Paratiisista karkotus» merkitsee myös kielen, taiteiden ja koko kulttuurin kirjon syntymistä. Ne tulevat olemaan osa yritystä sovittaa sopeutumatonta ihmistä luontoon ja siksi niiden tulkinnat lähtevät aina ristiriidasta. Ehkä ristiriidoista erikoisin on, että ilman Paratiisista karkotusta ihmisellä ei olisi jumaliakaan. Uskontojen ja rationaalisen arkielämän välinen ristiriita on väistämätön eikä tiedekään voi selittää sitä tyhjiin. Toisin kuin monet tutkijat väittävät, uskonnot eivät perustu pelkkään mielikuvitukseen. Niillä on todellinen perustansa, vaikkakaan se ei ole se miksi ihmiset sen yleensä kuvittelevat.

---

[22] (Kierkegaard, Ahdistus, 1964, s. 140)

Vanhat myytit osoittavat, että todellinen tieto ihmisestä – se, jota ihmistieteet etsivät – on ollut olemassa jo kauan sitten. Ne osoittavat, ettei todellinen tieto ole kumuloituvaa eikä sitä voi säilyttää kirjoissa, kirjat eivät ole *sitä* varten. Sen tiesivät jo muinaiset kertojat. He tiesivät myös, ettei ihminen kasva aikuiseksi olemassaolonsa hyväksyjäksi. Selviytyäkseen ihminen luo monenlaisia järkeen perustuvia erottelun ja tuomitsemisen mekanismeja ja nämä mekanismit kääntyvät ihmisen alkuperää vastaan. He tiesivät myös, mistä sivilisaatiot saavat jumaluutensa ja minkä varaan ne rakentavat alistamiensa heimojen hallintajärjestelmät. He tiesivät nämä pääasiallisesti siksi, ettei usko kirjallisiin dokumentteihin vielä täysin hallinnut heidän maailmankuvaansa eikä ollut vielä korvannut suhteellisuudentajua yksioikoisella dogmatismillaan.

KEISARIN UUDET VAATTEET

Nykyihmisen psyykkistä erikoislaatuisuutta on vaikea havaita, koska sen keskenkasvuisuus paljastuu vasta teinivuosien loppupäässä, ei yksilön syntyessä eikä nuorena, kun oppimiskyky on suurimmillaan. Se ei liity puheeseen eikä kädentaitoihin, ei järkeen eikä älyyn. Se ei liity myöskään mielikuvitukseen tai abstraktiin ajatteluun. Ihmisen erikoisuus ei ole mitään sellaista, mitä ei olisi jossain muodossa myös muissa eläimissä. Erikoista ei ole sekään, että ihmisiä on olemassa, vaan se, että meille jää pysyvästi jotain, jonka muut eläinlajit kadottavat varttuessaan. Ihmisyys ei ole ainutlaatuista, vaan vääristynyt kasvutapa, joka ei viimeistele yksilöä loppuun saakka, vaan »muumioi» tämän pysyvästi teini-ikäiseksi. Se on perinnöllisen sairauden kaltainen tila. Ihminen kantaa lapsuuttaan mukanaan poikkeuksellisesti koko ikänsä. Hän ei osaa kuvitella elämää ilman identiteettiä lapsuuden muistoineen ja suunnitelmineen. Koulutukseen ja sivistykseen uskovalle ihmiselle on kokolailla käsittämätöntä, ettei mentaalisen kehityksen virstanpylväitä lapsuuden ja aikuisuuden välillä tarkoitettukaan tukemaan nuoruuden pidentymistä koko elämän mittaiseksi, vaan että niillä on pelkästään väliaikainen suojelutehtävä.

Lapsi kasvaa luonnon rakentamien suojelumekanismien hoivissa itsekkäänä ja usein vailla kohtuullisuutta, mutta kehittyy luonnon antamissa rajoissa paremmin kuin koskaan sen jälkeen. Perinnölliseen kehityshäiriöön viittaavia piirteitä ei ole välittömästi vieläkään näkyvissä, kun teini-ikäinen aloittaa irtautumisen lapsuutensa tahdon ja järjen hallitsemasta mielestä. Hän kyseenalaistaa uudet fysiologiset piirteensä ja etsii identiteettiään minuuden horjuessa muutosten takia. Luonnon antama suoja alkaa väistyä voimistuvien vaistojen ja viettien tieltä, kunnes sen tulisi lopulta huipentua tahto–järki-puolustusmekanismien häviämiseen ja yksilön kuoriutumiseen lapsuuden suojaavasta kotelosta. Mutta mitään kuoriutumista ei tapahdu, jos ja kun yksilö on virheellisen geenialleelin aktiivinen kantaja, kuten nykyihmiset ovat. Nuoruus »aikuiseksi kasvamisena» jää hämmentäväksi ikäkaudeksi, jonka ristiriitainen tulos paljastuu vasta vuosien päästä: henkinen kasvu on pysähtynyt. Ihminen on tämän jälkeen mentaalisesti aina saman ikäinen ja ihmettelee sitä itsekin. Hän ei myöskään olennaisesti viisastu, vaikka kokemukset muovaavat häntä.

Charles Perrault'n 1600-luvulla suullisesta kansanperinteestä kirjaama »Prinsessa Ruusunen» symboloi aikuisuuteen kasvamisen ongelmallisuutta. Sadan vuoden uni kuvaa nuoruuden väistämätöntä sokeutta ja herääminen aikuistumista nuoruuden varjosta. Ihminen syntyy, elää lapsuutensa ja nukahtaa nuorena herätäkseen erikoisella tavalla uudestaan itsenäisenä aikuisena. Syntymä–kuolema–syntymä-ketju näkyy myös uskonnoissa. *H. C. Andersenin* satu »Ruma ankanpoikanen» tai kansansatu »Kaunotar ja hirviö» kertovat samaan tapaan keskenkasvuisen ja aikuisen maailmojen eroista. Ne eivät kerro vain yksinkertaista kasvamisen tarinaa, vaan viittaavat ihmisen eläimellisyyteen, aikuisuuden pelkoon ja sen menetettyyn ominaislaatuun.

Kahdenkymmenen ikävuoden jälkeen psyykkisyyteen liittyvät aikuistumattomuuden piirteet vahvistuvat ja samalla sen ilmenemät, kuten moraalisuus, muuttuvat. Keski-ikäisenä kokemusten myötä monet nuorempana luodut näkemykset ympäristöstä, elämästä ja omasta itsestä suhteellistuvat. Ihminen purkaa unelmiansa ja toiveitansa tekemiseen ja aikaansaamiseen. Vanhemmiten hän kenties alkaa nähdä hyväuskoisuutensa ja sinisilmäisyytensä luonnon väistämättömän muuttumisen edessä. Kuoleman hyväksyminen ei kuulu nykyihmisen luonteeseen.

Pelkkä ikääntyminen ei sinällään opeta mitään aikuisuudesta, vaikka siltä voi näyttää. Vanhusten viisaus on useimmiten myytti, mutta vanhemmissa agraariyhteisöissä se on saattanut pitää paikkansakin. Sivilisaatio sen sijaan kitkee viisaat vanhukset puuhakkaiden nuorten tieltä. Ihminen elää ymmärryksensä suhteen siinä tilassa, johon suojeleva luonto hänet aikuisuuden kynnyksellä jättää. Søren Kierkegaard ilmaisi tämän sanomalla, että »vuodet tekevät ihmisen vain yhä tyhmemmäksi ja tyhmemmäksi, jos hän on kadottanut nuoruutensa mutta ei ole löytänyt suhdetta ikuisuuteen».[23]

Sivilisaatio on ymmärtänyt, että nykyihmiselle lapsuudella ja nuoruudella on kauaskantoisia seurauksia. Hyvät ja huonot muistot säilyvät ja muokkaavat ihmisen asenteita läpi elämän. Ne luovat edellytyksiä myöhemmän elämän onnistumiselle ja tasapainoisuudelle. Nuorena ihminen on »muokattavimmillaan» ja omaksuu asioita kyselemättä ihan luonnostaan, vanhemmiten oppimiskyky vähitellen häviää. Toisaalta, jos nuori oppii tuntemaan vain tahdon ja järjen kyllästämän maailman, voi hänestä tulla ylimielinen ja ihmisten erilaisuutta ymmärtämätön moralisti, jolle asioilla on vain laskennallinen arvo. Luonnon näkökulmasta lapsuus ei kuitenkaan ole vain valmistautumisalusta tuleville koettelemuksille eikä »aikuisuus» ole vain lapsuudessa asetettujen tavoitteiden täyttämisprojekti. Lapsuus ja aikuisuus ovat luonnossa elämänvaiheita, joilla on täysin erilaiset ja toisensa poissulkevat näkökulmat itseensä ja ympäris-

---

[23] (Kierkegaard, Päättävä epätieteellinen jälkikirjoitus, 2001, s. 462)

töönsä. Me olemme hävittäneet näistä tärkeämmän ja hahmotamme maailmaa jäljelle jääneellä puoliskolla.

LAPSUUS

Lapsen riippuvuuden tuntemukset vanhemmistaan ovat osa vaistonvaraista puolustusautomaattia, jonka tehtävä on turvata hyvät kasvamisen olosuhteet. Tunteet pitävät lapsen valppaana ja suojassa lähellä vanhempiaan. Jos vanhemmilla ei olekaan aina selvää ja kiistatonta sosiaalista asemaa lastensa silmissä, on heillä näkymätön ja psyykkisesti horjuttamaton valta. Lapsi ei kiinny vanhempiinsa verisukulaisuuden takia, vaan koska vaistot pakottavat hakemaan luotettavaa turvaa. Lasten mielessä vanhemmat ovat järkähtämätön mentaalinen puolustusmekanismi, joka ei luonnossa jää pysyväksi. Jokainen aikuistuva hylkää vanhempansa.

Lapsi pyrkii saamaan hyötyä vanhempiensa vaistoista ja siksi sen reaktiot olemassaolonsa ja hyvinvointinsa turvaamiseksi kohdistuvat vanhempien huomion herättämiseen. Aikuisuuteen venyvinä nämä heijastuvat kaikkeen kulttuuriimme. Lapsi on syntymästään saakka itsepäinen ja vaativa ja oppii ymmärtämään itsensä ainutlaatuisena ja ympäröivästä maailmasta poikkeavana. Sillä on vaisto puolustautua korostamalla omaa tärkeyttään ja sen mieli on luonnostaan egosentrinen ja narsistinen. Se haluaa vaikuttaa harmittaviin asioihin ja muuttaa niitä mieleisikseen. Erityisenä olentona se vaatii oikeudenmukaisuutta itselleen sopivan oikean ja väärän muodossa ja tuntee oikeudekseen puuttua myös muiden toimintaan. Terve lapsi ei mitätöi itseään vaan erottelee itsensä muista vilpittömässä hyötymistarkoituksessa. Maailmassa ilmenevät asiat ovat sen jälkeen hänen ja maailman välisiä. Ne ovat joko häntä puolustavia tai vastustavia.

Koko aikuisikää edeltävän ajan ihmisen tehtävä on olla hyväksymättä kohtaamaansa maailmaa ja toimia monin paikoin päinvastoin kuin aikuisen. Periaatteessa lapsi voisi jo syntyessään hyväksyä ympäristönsä ilman psyykkisiä tukimekanismeja, mutta tämä vaihtoehto on varmasti osoittautunut toimimattomaksi. Ympäristönsä hyväksyvä, fyysisesti puolustuskyvytön lapsi menehtyy nopeasti. Tässä täytyy olla koko mekanismin syntymisen syy. Lapsi tarvitsee suojamekanismin, joka muokkaa vaistojen antamaa informaatiota ja helpottaa valintojen tekemistä. Se on inhimillisyyden olemus.

Lapsena olo tarkoittaa vanhempien turvallista olemassaoloa. Vanhempien suojassa lapsi tuntee olevansa ehjä ja kokonainen. Pelko, viha, suru, ilo, kateus, katkeruus, kaipaus ja ikävä ovat tämän riippuvuuden johdannaisia. Niiden tarkoitus on sitoa lasta vanhempiinsa ja estää tätä jäämästä yksin. Tunteista rakentuvat myöhemmin yhteisyys ja ystävyys ja muut keskenkasvuisen arkista laumahenkeä, erottamista ja yhdistämistä, hyväksymistä ja tuomitsemista sisältävät tuntemukset.

Lapsella on oltava uteliaisuutta tutkia ympäristöään, mutta jonkin pitää laittaa sille myös rajat. Tunteet voivat olla niitä spontaanisti laukeavia mekanismeja, joiden päätehtävä on suojata lasta ohjaamalla hänen mieltään. Millään niistä tarvitse olla todellista vastinetta, ne ovat ainoastaan keino pitää yksilö suojassa. Pelko, häpeä tai rakkaus eivät kuvaa todellisuutta, vaikka toimimmekin sen mukaan. Tunteet muuttuvat, kun keho alkaa valmistautua aikuisen rooliin eivätkä lopulta lunasta sitä »jotakin», johon ihminen on koko pienen ikänsä uskonut. Tunteiden takana oleva mekanismi, jota kutsumme mielikuvitukseksi, vahvistaa lapsen tunteiden ohella myös aikuisen asenteita ja ennakkoluuloja. Ensisijaisesti se rajoittaa lapsen luontaista uteliaisuutta ja antaa mahdollisuuden suojautua luonnolta, mutta nykyaikuisella siitä tulee suojautumista tietämättömyyttä ja hämillään oloa vastaan.

Luonto korvaa lapsen fyysiset puutteet mielen mekanismeilla. Lapsi ei käytä vaistoja, vaan rekisteröi ulkopuolista todellisuutta havainnoimalla sitä. Siitä kasvaa älykkyyttä, ja yhdessäolon vaikutuksesta lopulta rakenteista vuorovaikutusta, puhekieltä. Siinä missä arkaaisella aikuisella vaistojen kautta tuleva signaali aiheuttaa toimintaa, lapsella syntyy pohdintaa ja puhetta. Lapsen luonnollinen vietti on rakentaa maailmasta looginen ja syysuhteita sisältävä, myös moraalisessa mielessä. Lapsi hahmottaa maailman vanhempiensa antaman henkisen siteen varassa. Vanhempi voi olla sankarillinen tai raukkamainen mutta lapselle hän on aina tiedostamaton päähänpinttymä. Koska lapsi ei yksinkertaisesti voi luopua vanhemmistaan, kääntyy maailma hänen mielessään aina sen mukaan millaiset vanhemmat hänellä on. Tätä virheellistä »objektiivisuutta» on vaikea hylätä myöhemmällä iälläkään. Vertailu, päättely ja mekaanisten sääntöjen seuraaminen tuottavat kysymyksiä ja aikaa myöten myös vastauksia. Rationaalisuus on lapselle synnynnäistä ja hän perii sen itseltään aikuiseksi tultuaan.

Vartuttuaan nuoreksi ihminen kadottaa avoimen lapsenmielisen huolettomuuden, johon kuuluvat ympäristön hyväksyminen, annetut arvot ja auktoriteetit, vanhemmuuden suoja, koti, perhe ja selkeä minuus. Hän kyseenalaistaa lapsuuden mielekkyyden ja kääntyy avoimesti ihmettelemään sitä. Tuttujen asioiden kyseenalaistaminen valmistaa ihmistä eroamaan lapsuutensa suojasta. Hänestä tulee epävarma, itseensä tyytymätön ja lyhytjännitteinen, koska lapsuuden yksinkertainen maailma on häviämässä. Hän muuttuu kriittiseksi ja ylimieliseksi muuttumista ja luontoa kohtaan. Lisääntyvä häpeä on taistelua hänessä pileviä aikuisuuden ominaisuuksia vastaan.[24] Sen tehtävä on pitää hänet kiinni suojamekanismeissa ja estää häntä aikuistumasta liian varhain.

---

[24] »Oidipuskompleksi» voidaan ymmärtää myös niin, että se liitetään, ei niinkään vanhempiin, vaan heidän edustamaansa *aikuisuuteen*. Myös Freudin teoria libidosta olisi mielekkäämpää liittää *tahtoon* kuin seksuaalisuuteen sinänsä.

Ihminen ei halua mitä tahansa aikuisuutta, vaan sen, jonka hän on itse mielessään rakentanut. Hän vierastaa asioita, joissa näkee lisääntymiseen, sairastamiseen tai vanhenemiseen liittyvää eläimellisyyttä ja raadollisuutta. Hän ei halua hävetä omaa psyykkistä arvaamattomuuttaan eikä olla »vanhanaikainen». Muuttuminen sotkee aina ihmisen valmiiksi jäsennellyn maailman ja sotii hänen tahtoaan vastaan. Kaikki muutokset, tapahtuivatpa ne sitten ihmisessä itsessään tai hänen ympäristössään, ovat mahdollisia häpeän aiheita ja ne ovat ristiriidassa nuoruuden kuvitelmien kanssa. Kaikki häpeän aiheet ovat ongelmia tahdonalaiselle ihmiselle. Tahto muovaa ihmisestä sivistyksen avulla yhä nuoremman, treenatumman ja ihaillumman olennon, joka elää elämän keskiössä vailla vanhentumisen ja rapistumisen näkyviä merkkejä. Ihmisen psyykkinen kello on pysähtynyt. Hän kuitenkin kuvittelee sen käyvän, kunnes sairaus, vamma tai kuoleman läheisyys herättää hänet. Siihen saakka hän odottaa nuoruuden lupausten täyttymistä huumaantuneena.

Ihminen ei pelkää uhmata »luojaansa» ja perustella luonnon puutteellisuutta omalla teini-ikäisen ymmärryksellään. Hänen on mahdoton uskoa, että luonto olisi joskus suunnitellut ihmisen luopumaan kaikesta oppimastaan ja aloittamaan elämä ilman ainuttakaan nuoruuden hienoa ominaispiirrettä. Vaikka nuoruuteen tarrautuminen mahdollistaa elinikäisen oppimisen, ei tällä ole mitään funktiota, eikä se johda mihinkään. Päinvastoin täysi-ikäiselle se on vuosi vuodelta suurempi taakka: se on epätietoisuuden toinen nimi. Sivilisaatiossa nuoruutta ei ajatella valmistautumisena muutoksiin, vaan se nähdään inhimillisten unelmien välivaiheena. Kasvatus rakentuu lapsuuden utopialle ja tähtää opittujen asioiden pysyvään henkilökohtaiseen hyödyntämiseen. Siksi ihmisestä on hämmentävää, että nuoruuden nousukiito kulminoituu yhtäkkiseen hiljaisuuteen. Tätä epätietoisuuden hiljaista hyväksymistä ja sen teeskenneltyä ymmärtämistä – ei tosin näillä sanoilla – pidetään sivilisaatiossa aikuisuuden tunnusmerkkeinä. Kaikki kuitenkin tietävät piilottelevansa totuutta: mitään viisautta ja varmuutta tuovaa aikuisuutta ei tule. Sivilisaation tehtävä on pitää huolta siitä, että keisarin olemattomia vaatteita ihaillaan ja kunnioitetaan.

AIKUISUUS TABUNA

Sivilisaation ymmärtämiseksi on tärkeää paikantaa joitakin keskenkasvuisuuden kipupisteitä, jotka saavat ihmiskunnan ohjaamaan holtittomia jälkeläisiään ristiriitojen täyttämällä ja luonnosta loitontavalla kasvatuksella. Vaikka meidän on nykyisin vaikea nähdä mitään henkistä kasvamista ilman sivistyksen pakollista tekohengitystä, ovat todelliset kasvamisen mekanismit peräisin paljon sivistystä ja nykyihmistä vanhemmalta ajalta. Toisin kuin nykyihmisellä, varhaisemmilla lajeilla aikuisuus erosi selvästi varttumisvaiheesta. Aikuisuuteen siirtyminen tapahtui yhtäkkisesti ja varoittamatta biologisen kellon mukaan kahdenkymmenen ikävuoden molemmin puolin. Kaikille varhaisemmille *Homo*-lajisille tyypillisessä aikuistumisessa ei ollut niinkään kyse varttumisesta, oppimisesta, vastuun ymmärtämisestä tai teini-iässä tapahtuvista kehon vähittäisistä fysiologisista muutoksista kuin henkisestä muodonmuutoksesta. Se oli yksiselitteinen ja varoittamatta tapahtuva yksilön itsenäistävä psyykkinen tapahtuma, joka hävitti kantajansa identiteetin.

Vaikka nykyihminen ei enää koe aikuistumista, hän saattaa kokea jotain, jota voi nimittää aikuistumisen harvinaiseksi esihistorialliseksi jäänteeksi. Se tulkitaan yleensä »näyiksi» ja »ilmestyksiksi». Kyse on siitä, että aikuisuuden psyykkinen mekanismi jostain syystä aktivoituu hetkeksi. Tämä ei enää toistu, eikä sen ole tarkoituskaan toistua. Tätä esiintyy joka puolella maailmaa kaikissa kulttuureissa sekä miehillä että naisilla. Sen suhteellisen vähäisten esiintymien määrän voi päätellä ainakin summittaisesti siitä, miten siihen liittyvät viestit nousevat esille kulttuureissa ja kuinka niitä ymmärretään ja suvaitaan. Vanhat luonnonkansat ymmärsivät »näyt» selvästi paremmin ja kykenivät käsittelemään niitä tervejärkisemmin kuin sivilisaatio. Sivistyskulttuureissa niistä rakentui »poikkeuksellista kyvykkyyttä» ja »jumalallista viisautta». Kun sivilisaatio määrittelee luonnon ja lajimenneisyyden kehittymättömyydeksi, tekee se aikuisuudesta epätoivottavaa. Ihminen ei halua olla mikä tahansa laji, vaan *Homo sapiens sapiens*, menneisyyden viisaudellaan selättänyt laji.

Luonnonkansojen parissa nuoret valmistettiin aikuisuuteen riittien avulla. Riitteihin saattoi kuulua ruumiin merkitsemistä silpomisen, leikkaamisen ja lävistämisen keinoin. Tutkijoiden mukaan nämä merkitsivät aikuisten piiriin liittämistä eli jäsenyyttä samankaltaisen yhteisössä. Vaikka ne olisivat sosiaalisesti sitä merkinneet, viittaa alkuperäinen ajatus myös yksilöllisyyden hävittämiseen ja ajatukseen aikuisesta luonnon itsenäisenä osana. Riitteihin saattoi liittyä poikien emotionaalinen irrottaminen äidistään, mitä joudutettiin alistamalla nämä fyysiselle ja psyykkiselle kärsimykselle ja huumaaville aineille. Tämän tarkoitus oli pyyhkiä pois nuorten lapsuusmuistot, tarvittaessa jopa muistinmenetyksen avulla.[25] Riittien olemassaolo kertoo, ettei aikuisuus seuraa luontevasti lapsen ja nuoren maailmaa. Näiden maailmojen välillä on selittämätön kuilu ja sen ylittämiseen eivät nuoren voimat eikä tahto riitä. Luonnonkansojen initiaatiomenojen voimakkuus kertoo myös siitä, kuinka vaikeaa aikuisuutta on selittää nuorelle.

Aikuisuus saatettiin kuvata Siperian tšuktšien tapaan: »Sila (kaikkien voimien ja mahtien yhdistymä) ilmenee kaikissa yksittäisissä ihmisissä ja on elämänvoima, joka yhdistää jokaisen

---

[25] Eräs maininta liberialaisista tavoista löytyy Tatu Vaaskiven teoksesta Huomispäivän varjo: »Lähes kolme kuukautta kestäneen poissaolon jälkeen uudestisyntyneet pojat palaavat takaisin kylään valkoiset sauvat käsissään, mutta he ovat unohtaneet puhumisen taidon – he ovat kadottaneet kaiken muistinsa ja tietonsa.» (Vaaskivi, Huomispäivän varjo, 1938, s. 117)

yksilön tämän välittömään ympäristöön ja eheyttää hänet sen kanssa saumattomaksi kokonaisuudeksi». Ihminen, joka tuntee asian, tietää mistä tässä puhutaan. Jos ihminen ei tunnista luontoon sopeutumista, hän ei voi koskaan ymmärtää, kuinka tarpeetonta on etsiä elämän tarkoitusta lapselle tarkoitetulla logiikalla.

Sivistyneelle ihmiselle luonnonkansojen alkeelliset ja järjettömät riitit eivät ole kelvanneet. Hän on kokenut lajityypillisen aikuisuuden pikemminkin skandaalina. Länsimaissa sivistyneen aikuistumisen tulee olla arvokasta: miehuus ei liity luontoon, vaan jumalallisiin olentoihin, joita seuraamalla ihminen kykenee saavuttamaan tavoitteensa.[26] Täysikasvuisuutta ei pidetä luonnollisena, vaan luonnon hallitsemisena.

Luonnon aikuisuuden lyhytaikaisesti kokeneet ihmiset näyttävät olevan ihmisyhteisöissä suunnilleen yhtä harvinaisia kuin muinoin muutamat sopeutumattomat yksilöt pystyihmisten ja heidelbergien populaatioissa. »Näkyjensä» takia heillä on »salaisuuksia», joita on vaikea jakaa niiden kanssa, jotka eivät ole kokeneet niitä. Heidän kokemuksensa eivät ole tavallisia eivätkä istu enemmistön käsityksiin normaalista elämästä. Kun yhteisössä ei ole enää vakiintuneita tapoja eikä kasvuun liittyviä riittejä, ei näillä ihmisillä ole keinoja tehdä itseään ymmärrettäviksi omilla ehdoillaan. He saattavat päätyä taiteen tai uskontojen pariin, tai tyytyä olemaan muuten vain oma-

---

[26] (Kaplan, 1986, ss. 34-35)

laatuisia, mutta yhtäkaikki heillä on vaikeuksia sopeutua luontoa vieroksuvaan sivilisaatioon.

Friedrich Nietzsche eli elämänsä sivilisaation kriitikkona ja määritteli erikoiset kokemuksensa eräässä varhaisessa kirjoituksessaan »unitodellisuudeksi».[27] Vaikkei hän käsitellyt näkyjensä psykologista taustaa, kuvasi hän sen myöhemmästä tyylistään poiketen selvästi ja konkreettisesti:

> »Hahmon välittömässä ymmärtämisessä me nautimme, kaikki muodot puhuvat meille, mikään ei ole tarpeetonta ja yhdentekevää. Unitodellisuuden korkeimmassa olotilassa meillä on vielä läpikuultava tuntemus sen lumeesta. Vasta kun se lakkaa, alkaa patologinen vaikutus, jossa uni ei enää virkistä ja unitilojen parantava luonnonvoima vaimenee. Mutta tämän rajan sisäpuolella ei ole ainoastaan miellyttäviä ja ystävällisiä kuvia, jotka asettuvat tuolla yleistajuisuudella nähtäväksemme. Myös vakava, surullinen, ikävä ja synkkä näkyvät lumeessa samalla ilolla, niin, että myös tässä lumeen hunnun on liehuen liikuttava, eikä se saa kokonaan kätkeä todellisen perusmuotoja»

Nietzsche puhui »unimaailman kauniista lumeesta, jossa jokainen ihminen on täysi taiteilija.» Tämän hän näki toteutuneen selvimmin kreikkalaisessa Dionysos-jumalan kultissa, josta hän tunnisti koko tuotantonsa peruskivenä olevan »ylhäisyyden». Allegorisen tulkinnan taustalta kuultaa nostattava henkilökohtainen kokemus:

---

[27] (Friedrich Nietzsche, Traagisen ajattelun synty)

»Esiin tunkeutuvan yleisinhimillisen, suorastaan yleisluonnollisen vallan edessä subjektiivinen katoaa kokonaan. Dionysos-juhlat eivät solmi liittoa ainoastaan ihmisten välillä, ne yhdistävät myös ihmisen ja luonnon. Maa tuo lahjansa vapaaehtoisesti, villeimmätkin eläimet lähestyvät toisiaan rauhantahtoisesti. Pantterit ja tiikerit vetävät Dionysoksen kukilla koristeltua vaunua. Kaikki yhteiskuntaluokkiin jakavat rajat, jotka puute ja mielivalta on asettanut ihmisten välille, katoavat: orja on vapaa mies, ylhäinen ja alhainen yhdistyvät yhdeksi bakkhiseksi kuoroksi.

»Maailmanharmonian» evankeliumi vyöryy yhä kasvavissa joukoissa seudulta toiselle, ihminen ilmaisee itseään laulaen ja tanssien korkeamman ideaalin yhteisön jäsenenä, hän on unohtanut kävelyn ja puhumisen. Ja vielä enemmän: ihminen tuntee olevansa lumottu, hänestä on todella tullut jotakin toista. Kuten eläimet puhuvat hänelle ja maa antaa maitoa ja hunajaa, niin myös hänestä soi jotakin yliluonnollista. Hän tuntee olevansa jumala; mikä muutoin eli vain hänen mielikuvituksessaan, sen hän havaitsee itsessään. Mitä hänelle ovat nyt kuvat ja veistokset? Ihminen ei ole enää taiteilija: hänestä on tullut taideteos, niin hurmiossa ja ylevänä hän vaeltaa, kuten hän unessa näki jumalien vaeltavan. Ilmestyy luonnon luova voima, ei enää ihmisen: tässä vaivataan jalompi savi ja työstetään kallisarvoisempi marmori: ihminen».[28]

Kirjoittaja ei ollut enää humanisti eikä tutkija, vaan tutkimusaiheensa täysin ymmärtävä ihminen – tai ehkä vieläkin enemmän, hän oli muuttunut tutkimuskohteekseen. »Tätä tilaa voi kuvailla vain vertauksin: on jotakin samankaltaista, kun

---

[28] (Nietzsche, Traagisen ajattelun synty, 1994)

uneksiessa uni samalla tajutaan uneksi», hän kirjoitti. Hänen tiensä ei ollut etsiä, vaan löytää, ei ratkaista, vaan hylätä. Tämän pidemmälle hän ei voinut päästä, ja samalla hän oli tieteen kannalta menetetty tapaus. Hän näki rationalismin ja ulkonaisen analyyttisyyden onttouden.

Nietzsche piti kokemustaan poikkeuksellisena ilmiönä ja sellaisena hän itse asiassa näki koko varhaiskreikkalaisen uskonnollisuuden: »Toisten uskontojen vakavuuteen, arvokkuuteen ja pyhyyteen verrattuna kreikkalainen uskonto on vaarassa tulla halveksituksi fantastisena leikittelynä, ellei käsitä henkäystä mitä syvimmästä viisaudesta, jonka myötä epikurolainen jumalolento äkkiä ilmestyy verrattoman *taiteilija*kansan luomistyönä ja lähes korkeimpana luomuksena», Nietzsche julisti. Hän löysi kreikkalaisessa tragediassa myös »ainoan historian tarjoaman vastineen» omalle kokemukselleen.

»Traaginen ajattelu» ei kuitenkaan merkinnyt kokonaan järjen hylkäämistä, vaan pikemminkin kahden erilaisen maailman, dionyysisen ja apollonisen, korvan ja silmän, taivaan ja maan, luonnon ja inhimillisyyden, aikuisen ja lapsen, vaiston ja järjen maailmojen yhdistämistä. Luovuus saattoi ilmetä ainoastaan näiden kahden liitossa.[29] Ei hän järkeä kokonaan

---

[29] *Giorgio Colli* (1917–79) käsitteli Nietzschen Apollonin ja Dionysoksen vastakkaisuutta mm. suomennetuissa teoksissa Filosofian synty ja Nietzschen jälkeen, joissa paljasti Nietzschen ajattelun perusteita. Hän otti puheeksi myös Nietzschen ylenmääräisen tarrautumisen tahdon käsitteeseen: »Vaikuttaa siis

voinut hylätäkään, koska silloin hänen olisi ollut luovuttava kirjoittamisestakin. Tällaisen ihmisen osa on eräänlainen kiirastuli, tila, jossa hän tietää mistä jää paitsi mutta pitää itsepintaisesti kiinni unelmastaan. Hän on nähnyt paratiisinsa kynnykseltä hetken aikaa.

Nuori Tatu Vaaskivi tiivisti Nietzschen dionyysisen ja apollonisen tilan kirjassa Huomispäivän varjo:

»Mutta kummankin käsitteen alta kuultaa kaksi sielullisen olemisen tilaa, jotka vasta myöhempi aika on käsitteellisesti selittänyt. Syvimmältään on dionyysisen ja apollonisen vastakohta tajuttoman ja tajunnan vastakohta. Tajuton, dionyysisen tila on alkuperäisin ja vanhin. Tämän kosmillisen huumauksen tunnemme kaikissa alkeellisissa luonnonkulteissa, se värittää mysteerejä, joissa heräävän kevään rituaalista juhlaa säestävät huilut ja tanssit. Se on yksilöllisyyden murtumista, koska yksilöllisyys on valvovan

---

siltä, että Nietzsche kritisoi subjektin, yksilöitymisen ja jopa tahdon todellisuutta, muttei ajattelunsa kypsässä vaiheessa osannut väistää niiden piiriä ja piti lopulta yksilöä jonain olennaisena. Hänen nuoruuden oppinsa oli ollut johdonmukaisempi, Apollonin havainnollistaessa *principium individuationis*ta, siinä missä Dionysos merkitsi tuon periaatteen tuhoa.» (Colli, Nietzschen jälkeen : miten tullaan filosofiksi, 2008, p. 71) Dionysos merkitsi yksilöllisyyden rikkoutumista mutta Nietzschelle päinvastoin sen vahvistumista. Colli kirjoitti: »jo luonteensa agonistisen puolen takia Nietzschellä on taipumus ylistää syvimmällä hartaudella yksilöä jonakin ehdottomana.» Nietzsche sekoitti psykologiseen tahtoon aivan tarpeettoman metafyysisen ulottuvuuden, mikä teki hänen myöhempien tekstiensä ymmärtämisen vaikeaksi. Nietzschellä ongelma on lähinnä terminologinen eikä sinänsä vaikuta hänen ajatustensa lähtökohtien ymmärtämiseen.

tajunnan tosiasia – kirkkaan päivämaailman, havahtuneen ja itseään tarkastelevan tietoisuuden tuote. Se on murtautumista olioiden ytimeen, koska tajuinen elämä luo pelkästään käsitteitä ja muotoja ja koska vain tajuton sieluntila juurtuu minuuden tuntojen taa, kosmillisten tapahtumain salaperäiseen pohjaelämään. Se on mitä suurimmassa määrin sidottu poljentoon, koska rytmillisyys on tajuton elementti, kun sitä vastoin mitat ovat vain tajuista kahletta, kaunista muotoa. Sen sijaan on kaikella apollonisella elämäntilalla tajuisen valvomisen leima».[30]

Vastaava luontoyhteyteen liittyvä tarina tunnetaan Zen-buddhalaisuudessa Sung-dynastian aikakaudelta noin 1100-luvulta nimellä »Härkä ja paimen». Runossa on kymmenen tasoa, jotka on nimetty paimenen ja härän erilaisiksi kohtaamisiksi. Runo kuvaa aikuisuuden etsimistä, löytämistä ja jälleen kadottamista vertauskuvallisesti härän kautta. Löydettyä täysikasvuisuutta se kuvaa seuraavasti:

> Ratsastaen eläimellä hän joutilaasti suuntaa kulkunsa kotiin
> Miten soinnukkaasti katoaakaan huilun ääni
> illan usvaan kiedottuna!
> Hänen laulaessaan pieniä lauluja ja lyödessään tahtia,
> hänen sydämensä täyttyy kuvaamattomalla ilolla!
> Että hän on nyt yksi niistä, jotka tietävät, on kertomatta selvää.

...ja jälleen sen kadottamista:

---

[30] (Vaaskivi, Huomispäivän varjo, 1938, s. 450). Vanhaa suomea oleva »tajuton» on kuvaava sana nykyiselle vaikeammalle »tiedostumattomalle» ja alitajuiselle.

Ja katso! härkää ei ole enää; mies yksin istuu tyynenä.
Vaikka punainen aurinko on korkealla taivaalla,
hän yhä hiljaa uneksii,
olkikaton alla lojuvat hänen ruoskansa ja köytensä toimettomina.
Kaikki on tyhjää - ruoska, köysi, mies ja härkä:
kuka voi koskaan mitata taivaan äärettömyyden?
Roihuavan tulisijan päälle ei lumihiutalekaan voi pudota.
Kun tämä asiaintila vallitsee, on muinaisen mestarin henki läsnä.[31]

Zeniläinen runo muistuttaa »nietzscheläisittäin», ettei enää »tarvita jumalien ihmeitä tekevää voimaa, sillä hän koskettaa, ja katso! kuolleet puut ovat täydessä kukassa». Kun ihminen riisutaan keskenkasvuisen tukimekanismeista, hän näkee, kuulee ja tuntee ympäristönsä ja itsensä sen keskellä. Huomionarvoista runossa on myös se, että etsijä ymmärtää, mitä hän kokee: »...että hän on nyt yksi niistä, jotka tietävät, on kertomatta selvää». Tämä on viittaus kulttuurin luontoyhteyttä esittäviin piirteisiin, joita on kaikissa kulttuureissa mutta joita sivistyksestä käsin on mahdoton ymmärtää.

Aikuistumiskokemukset osoittavat, ettei nykyihminen ole täydellisesti kadottanut suhdettaan luontoon, ja että hänessä on vielä jäljellä jotain alkuperäiseen luontosuhteeseen liittyvää. Sen korostaminen voi tuntua liioittelulta, mutta on helppo nähdä, että kulttuurit rakentuvat tälle ohuelle siteelle, joka liittää meidät luontoon. Kulttuurien ydin on luonto- ja vaistomyönteisyys, joka on rakennettu muutamina sanattomina, hiljaisina

---

[31] (Siivola Markku : Härkä ja paimen - matka ihmisyyden ytimeen)

hetkinä, jolloin aistit puhuvat ja ihminen näkee ja hyväksyy todellisen paikkansa luonnossa. Sidos ehkä ei ole kovin vahva mutta se on olemassa. Ilman sitä kulttuurit tukehtuisivat omahyväisyyteensä.

Aikuisuuden taustalla oleva tietoisuuden muuttuminen, tai nykyihmisellä sen hetkellinen häviäminen, on hämmentävä kokemus jo pelkästään sen tosiasiallisen »järjettömyyden» vuoksi. Järki ei sen aikana kontrolloi, jäsennä eikä yksinkertaista ihmisen aistimaa todellisuutta. Ihminen ei kyseenalaista kokemaansa ja hänen mielestään on kadonnut erottelu sekä moraalisessa että rationaalisessa merkityksessä. Ihmissuhteet häviävät, tutut ja tuntemattomat, rumat ja kauniit, hyvät ja pahat ovat samanarvoisia. Ihminen ei enää etsi mielekkyyttä vaan elää kasvokkain maailman kanssa sen täysivaltaisena ja vastuullisena jäsenenä. Aistit toimivat vihdoin niin kuin pitääkin, kun niitä hallitseva tietoisuus on hävinnyt eikä enää kontrolloi eikä latista maailman kokemista.

TIETOISUUDEN MEKANISMIT

Tiede on määritellyt elämän kolmeksi suureksi mullistukseksi tämän synnyn, monisoluisten eliöiden muodostumisen ja ihmisen tietoisuuden kehittymisen. Viimeksi mainittua pidetään yhtenä modernin biologian vaikeimpana arvoituksena. On jopa arveltu, ettei tietoisuudella olisi evoluutiossa merkitystä, vaan että se olisi syntynyt suurten aivojen sivutuotteena. Aivojen kehittyminen näyttää heikentävän luonnossa selviytymisen mahdollisuuksia, koska aivot rajoittavat kykyä nopeisiin päätöksiin.

Aivojen osuus tietoisuuden synnyssä on kiistaton tosiasia, mutta on eri asia, mitä älykkyys on evolutiivisessa mielessä merkinnyt. Aivojen vähittäinen kasvaminen kertoo todennäköisesti vain lajin varttumisvaiheen korostuneesta merkityksestä, lihansyönnin lisääntymisestä ja ehkä vaikeista ympäristöolosuhteista. Lapsuuden jatkuva pidentyminen on merkinnyt samalla pidentynyttä aktiivista tietoista jaksoa.

Tutkijoiden mukaan kyky ajatteluun mahdollistaa epäilyn, ärsykkeiden kriittisen arvioinnin ja analyyttisyyden. On helppo huomauttaa, että myös neandertalinihminen kykeni epäilyyn, ärsykkeiden kriittiseen arviointiin ja analysointiin vaistonvaraisesti ja varmasti paljon nopeammin kuin ajatteleva ja vaihtoehtoja rationaalisesti punnitseva nykyihminen. Olennaista tuskin ovat nämä »kyvyt» sinänsä, vaan se, että nykyihminen epäilee, arvioi ja analysoi eri tavalla kuin arkaainen ihminen.

Meille on itsestään selvää, että tietoisuuden synty on yksi elämän suurista mullistuksista. Ihminen on muuttanut maailmaa enemmän kuin aiemmat lajit. Mutta on väärin sanoa, että tietoisuus olisi vain nykyihmiselle kuuluvaa. Sen osoittavat miljoonien vuosien takaiset kivityökalut. Tietoisuus on ollut tuttua paitsi kaikille nuorille *Homo*-lajin yksilöille myös satunnaisille luontoon sopeutumattomille aikuisille. Siksi ihmistä ei voi ymmärtää selittämällä vain hänen tietoisen puolensa. Olennaisempaa on ymmärtää mikä on tietoisuuden väliaikaiseksi tarkoitettu tehtävä.

Suurissa sivistyskielissä ranskassa, saksassa ja englannissa ei tehdä juurikaan eroa sanojen »tajunta» ja »tietoisuus» välillä, ja ruotsinkielessäkin ero on heikko. Suomen kielessä sanojen ero on olemassa, mutta niiden käytölle ei ole selkeitä sääntöjä. Terminologinen selkeytymättömyys kuvaa mielen hahmottamisen vaikeutta. Mieluummin käytetään toiminnallisia käsitteitä »tiedostumaton» ja »tietoinen». Kasvamisen näkökulmasta tajunnalla ja tietoisuudella näyttäisi kuitenkin olevan erilaiset tehtävät.

Tajunnan edellytyksenä pidetään hermostoa ja aivoja. Tajullisten olentojen ominaisuus on kyky kerätä kokemuksia omasta tilastaan ja ympäristöstään. Tietoisuus taas määritellään ominaisuudeksi erottaa itsensä ympäristöstä. Todennäköisesti useiden lajien kasvuikäiset ovat tietoisia, mutta aikuiset vain tajullisia. Tietoisuus on jotain, mikä oli heidelberginihmisellä kasvuikäisenä, muttei – harvoja poikkeuksia lukuun ottamatta – täysikasvuisena. Sivistys on lisäksi luonut myytin kolmannesta vaihtoehdosta. Sen mukaan erityislahjakkailla yksilöillä on kehittynyt tietoisuus. Vaihtoehtoja voi kuitenkin olla vain kaksi: tietoisuus joko on tai ei ole.

Tajunta on tietoisuutta perustavampaa siksi, että reagoidakseen ihmisen on aina oltava tajuissaan mutta ei välttämättä tietoinen. Tietoisuus (tai »itsetietoisuus») on oman toiminnan tarkkailua. Tajunta sijaitsee jossain tietoisuuden ulkopuolella. Sitä ei voi tavoittaa ajattelun eikä kielen avulla, mutta tuntemusten ja kokemusten piirissä se silti on. Moni pitää tajuntaa olennaisena siitä huolimatta, että emme voi tarkkailla emmekä kuvata sitä tavalliseen tapaan. Tajunnasta johtaa alitajunnan tutkimaton tie ajattelun ja järjen alueelle. Näiden välistä yhteyttä nimitetään luovuudeksi, romantiikan aikana jopa neroudeksi. Luovuudeksi sitä kutsutaan siitä syystä, ettei ajattelu tarjoa mitään osoitettavaa tietä luomuksista takaisin kokemukseen. Se, mitä luovuus saa aikaan, ei kuvaa kokemusta missään määriteltävissä olevassa suhteessa kieleen. Sen vuoksi ilmaistavien asioiden suhde kokemukseen on aina tulkintaa, silloinkin kun ihminen kuvaa omia kokemuksiaan. Kasvamisen näkökulmasta tietoisuuden ja tajunnan välisen suhteen voi kuvata seuraavalla tavalla:

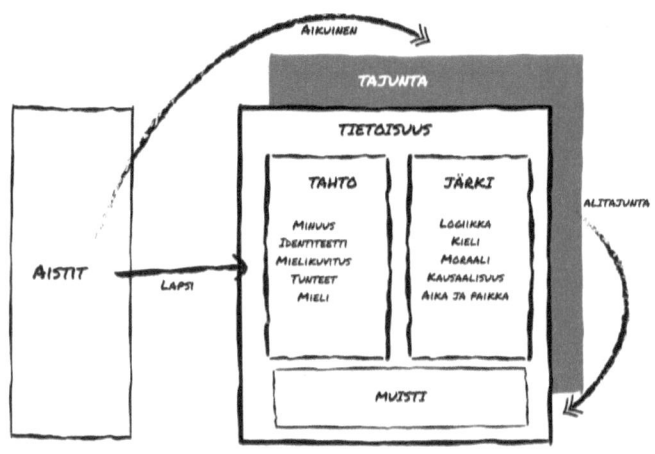

Tietoisuus suojaa lasta – *Tietoisuus toimii keskenkasvuisen yksilön tajunnan »peittona» ja lapsuuden suojana, kunnes yksilö kehittyy tarpeeksi toimimaan vaistojensa varassa. Aiemmin aikuistuva yksilö menetti tahdon ja järjen tukimekanismien katoamisen takia tietoisuutensa ja pystyi sen vuoksi kokemaan ympäristönsä välittömästi. Nykyaikuinen sen sijaan kantaa lapsuuden tukimekanismejaan koko ikänsä.*

Tietoisuus toimii lapsuuden tukijana ja aikuistumisen kontrolloijana. Se luo inhimillisen olemuksemme, toimii vaistojen korvikkeena kasvamisen aikana ja suojelee lasta peittämällä tajunnan suorilta ärsykkeitä. Tietoisuuden tehtävä on estää lasta hyväksymästä maailmaa sellaisenaan. Tämä hävisi muinoin aikuistuvilta yksilöiltä. Nykyihmiselle se on jäänyt pysyväksi.

Tietoisuus rakentuu tahdon ja järjen hallitsemista mekanismeista, jotka estävät varttuvaa ihmistä toimimasta pelkkien vaistojensa avulla. Tietoisuus estää kasvavaa ihmistä tietämästä samalla tavalla kuin aikuinen. Tietoisuus luo epätietoisuutta ja sytyttää uteliaisuuden. Tietoisuus hahmottaa koetun ympäristön järjellisenä ja jäsennettynä. Järjellisyys tarkoittaa mahdollisuutta vertailuun. Tahto on tietoisuuden moottori, joka luo ihmiselle minuuden. Häpeä pitää tahdon hereillä aikuistumisen kynnyksellä ja estää nuorta aikuistumasta liian varhain. Aikuiselle heidelberginihmiselle seksuaalisuus tarkoitti pelkkää lisääntymisviettiä, nykyihmiselle tahdon ja häpeän vuoksi paljon muutakin. Tajunta puolestaan on täysikasvuisen tapaa nähdä ympäristö sellaisenaan, ilman tietoisuuden vääristäviä tukirakenteita. Se alkaa toimia aikuistuttaessa, kun tietoisuuden suojarakenteet, kuten aika, paikka, moraali, syyt ja suhteet katoavat ja muuttuvat merkityksettömiksi.

TAHTO

Tietoisuutta ylläpitävä tahto on nykyihmisen voimakkain psyykkinen mekanismi. Tahto on lapsuuden ominaispiirre niin selvästi, että voisi yksin luonnehtia sitä. Ihminen persoonana ei ainoastaan käytä tahtoa, vaan on itse se. Tahto on äänekäs, huomiota ja huomionosoituksia vaativa ja pitää kantajansa muiden huomion kohteena. Lapsen tahto on jankuttavaa mutta toisaalta se on myös vilpitöntä. Sen tehtävä on määritellä maailma lapsen ympärille ja lapsi sen keskipisteeksi. Tahdon tehtävä ei ole antaa oikeaa kuvaa maailmasta, ei tehdä lapsesta rehellistä eikä ajatella kaikkien parasta, vaan varmistaa lapsen asema ja turvallisuus. Kaikki kuvitelmamme inhimillisistä kyvyistämme luonnon objektiiviseen hahmottamiseen perustuvat tähän lapsenomaiseen itsekeskeisyyteen. Totta kai kuvitelmissamme luonnosta täytyy olla jotain loogista ja rakenteellista samankaltaisuutta, mutta tahdolta puuttuu kokonaan kyky kokea luonto sisältäpäin. Tahdon takia näkökulmamme ympäristöömme on puhtaasti ulkoinen ja välineellinen.

Toisin kuin aikuisella lapsen elämä on aina mielekästä, eikä samanlaista kestävää varmuutta tule koskaan myöhemmin. Mielekkyys tarkoittaa selkeää minuutta, suoraviivaisia arvostelmia, minän epäilemätöntä hyvyyttä ja uskoa tekojen oikeellisuuteen. Se tarkoittaa myös vanhempien olemassaoloa objektiivisena faktana ja maailman rakenteen peruspilarina. Lapsi ei voi ymmärtää, että hänen ja vanhempien välinen suhde on todellisuudessa hänen spontaanin tahtomisensa tulosta. Hän ei voisi ymmärtää, että se on tarkoitettu häviämään, koska ilman sitä hänellä ei olisi oikeudenmukaisuuden tajua eikä hän erottaisi hyvää pahasta. Ne ovat hänelle maailman ominaisuuksia samalla tavalla kuin vanhemmat. Kuka muukaan kertoisi hänelle kuka hän on, kuin hänen omat vanhempansa. Tämä kaikki on sitä elämän mieltä, jonka lapsi varttuessaan kadottaa. Turvallisesti kasvavan lapsen mielen kosmos horjuu puberteetissa, kun vanhemmat maailman kivijalkana lakkaavat olemasta merkittäviä. Muutkin auktoriteetit katoavat. Nuori jää yksin ratkaisujensa kanssa. Tämä tapahtuu jokaiselle ja tämän tarkoitus on valmistella nuori häviämään yksilönä ja muuttumaan itsenäiseksi luonnon osaksi. Kun kehityshäiriömme takia niin ei tapahdukaan, korvautuu lapsuuden luonteva mielekkyys selityksillä. Mielekkyyden hakemisesta tulee elämän mittainen missio ja jopa elämisen päämäärä.

Tahto tekee lapsesta aika ajoin ärsyttävän ja itsekeskeisen. Lapsen inttäminen saattaa monen mielestä olla tarkoituksetonta ja järjetöntä, mutta vahingollisinta tahto on vasta aikuisiällä, kun se on muuttunut patologiseksi. Täysi-ikäisinä emme enää ole varmoja, mitä tulisi tahtoa. Tunnemme syyllisyyttä siitä, että voimme tahtoa ylettömästi ja ilman rajoituksia. Koemme syyllisyyttä siitä, että tahtomistamme ei vahdi kukaan, mutta toisaalta tajuamme myös pitävämme vapaudestamme. Me syyllistämme kuitenkin omat vanhempamme siitä, että he eivät enää kykene olemaan oikeita vanhempia eivätkä täyttämään heille säädettyjä suojelutehtäviä. Alamme halveksia heidän epäonnistumistaan ja hävetä omaa sinisilmäisyyttämme. Häpeämme vähitellen myös heidän tietämystään, osaamistaan, vanhanaikaisuuttaan, rappeutumistaan, vanhuuttaan. Koemme myötätuntoa ja sääliä siitä, että olemme kasvaneet heistä ohi. Voimme ehkä antaa heille anteeksi, jos onnistumme luomaan itsellemme mielekkään elämän. Joudumme määrittelemään lapsuudessa selvän mutta nyt jatkuvasti pakenevan minuutemme uudelleen ja uudelleen. Kuka tietää, ehkä identiteetti tarkoittaa jatkuvasti kyseenalaistuvan minuuden epätoivoista etsiskelyä, sen löytämistä ja taas sen kadottamista. *Identidem* (lat.) tarkoittaa »uudestaan ja uudestaan».

Lapsuuden suojana olleet asenteemme kangistuvat vähitellen moraaliksi, havainnot kausaliteetiksi ja itsestäänselvyydet tarkoituksiksi. Pidämme kiinni siitä, mitä olemme oppineet, koska oppimiskykymme heikkenee, kuten kuuluukin. Täysikasvuisena kaikki oppiminen on taistelua luontoa vastaan. Pelkäämme, että toimimme jotenkin väärin. Miten meistä muka voi tulla oman elämämme valtiaita? Missä piilottelevat auktoriteetit, joiden tulisi antaa elämällemme selvät säännöt? Meitä ei ole selvästikään luotu toimimaan ilman »opastajaa». Mutta sellaista ei enää tule. Asiat ovat peruuttamattomasti toisin, lapsuus on hävinnyt ja me olemme yksin.

Kehityshäiriömme vuoksi aktiivinen tahto vaatii järjeltä selityksiä olemassaololleen. Järki itse ei vaadi eikä tyrkytä, se on pelkkä renki ja toimii silloin, kun sen käsketään toimia. Jos tahto lakkaa toimimasta, myös järki seisahtuu. Kaikki »älyllisyys» tulee paradoksaalisesti tahdolta. Tahto alistaa helposti järjen. Siksi niiden välille syntyy suhde, jossa johtajana toimiva tahto pitää järjen väkisin hengissä ja tekee siitä itselleen maailmaa selittävän apparaatin. Vaikka pidämme täysikasvuista ihmistä järjen johdattamana olentona, kaikki päätökset tekee tahto.

Tahto tarttuu ihmisen tekemiin huomioihin ja komentaa järjen analysoimaan niitä. Järki on kuitenkin hidas ja lapsenomainen hahmottamisen apuväline ja antaa vain harvoin tyydyttäviä vastauksia. Sen avulla tahto kuitenkin joutuu rakentelemaan maailmankuvansa. Se tulkitsee liikkeen ja muutoksen haluamiseksi ja pyrkimiseksi ja siihen se sitoo myös kantajansa. Elämän ydin on sitä mitä se itsekin eli haluamista, pyrkimistä ja tahtoa. Mekanismi estää ihmistä kokemasta maailmaa sellaisenaan, ilman tahtoa se olisi kyllä mahdollista. Mitä voimakkaampi tahto on, sitä enemmän se luo järkeistettyjä selityksiä ja pyrkii vahvistamaan kantajansa identiteettiä.

Täysi-ikäisen tahto taistelee aina omaa katoamistaan vastaan. Kuolemanpelko on pelkoa tahdon itsensä häviämisestä. Tahto on aina ollut olemassa eikä ymmärrä, miten mikään voi saada sen luopumaan tehtävästään. Kaikesta inhimillisestä eli tahdon ohjauksesta irtautuminen pelottaa. Tahto hallitsee ihmistä, se on ihmisen todellinen ohjauskeskus. Sen valta on totaalista eikä sille ei ole vaihtoehtoja. Jos ei ole tahtoa, ei ole ihmistäkään. Ilman tahtoa ihminen ei näe järjestystä eikä kehittymistä. Kaikki henkinen kärsimys on tahdon aiheuttamaa, ja vastaavasti ihmisen helpotuksena kokema autuus tahdon poissaoloa. Tahtoon on vaikea olla luottamatta, vaikka vanhemmiten me kyseenalaistamme tunteen, kun ymmärrämme tahtomisen varjopuoletkin.

Jokainen kokee *minuutensa* keskeisenä osana tietoisuutta. Vaikka minuus kuuluu tietoisuuden osana kasvamisemme mekanismeihin tahdon, järjen ja mielen ohella, se ei ole elämiselle mitenkään välttämätön. Aikuisen heidelberginihmisen tuntemuksiin se ei koskaan kuulunut. Minuutta ovat selittäneet monet tunnetut teoreetikot.[32] He eivät ole määritelleet minuutta varttumisen välineeksi, vaan spekuloivat enemmänkin mieleen liittyvien käsitteiden keskinäisillä suhteilla.[33] Suomalaisista tutkijoista esimerkiksi Eino Kailalla oli

---

[32] Esim. William James, Sigmund Freud, Alfred Adler), C.G. Jung, Gordon Allport , Carl Rogers ja B.F. Skinner.

[33] William James piti puhtaan minuuden tehtävänä identiteetin synnyttämistä. Se kertoo hänen pitäneen ihmisyyttä kyseenalaistamattomana. Sigmund Freudin *Minä*, *Yliminä* ja *Se* ei riitä tekemään minuutta ymmärrettävämmäksi. Freud viittasi puolustusmekanismien tärkeyteen mutta määritteli niiden tehtäväksi ahdistuksen vähentämisen. Vaistot varmaan muuntavat todellisuutta

johdonmukainen historia sielunelämän tutkijana, mutta minuudesta hänellä oli sekava kuva: »Persoonallisuus on laaja järjestelmä luontumuksia, engrammasysteemejä ja tarvejännityksiä; minäelämys jossain määrin vaeltelee tämän jäsentyneen järjestelmän erilaisten alakokonaisuuksien alueilla».[34] Vaikka yritystä oli, mitäänsanomaton selitys kuvastaa yleisemminkin

---

lapselle mutta tuskin siitä syystä, että se tekisi maailmasta vähemmän ahdistavan, vaan siksi, että maailma olisi lapselle hallittavampi ja ennustettavampi. Alfred Adlerille kokemuksia tulkitseva ja yksilön elämälle mielekkyyttä antava subjektiivinen järjestelmä, »luova minä», jolla oli voimaa nousta tarpeiden yläpuolelle, oli keino selittää ihminen biologiastaan riippumattomaksi. Adlerille minuus jäi pakostakin spekulatiiviseksi. Carl Gustav Jungille »minä» taas piti persoonallisuutta koossa. Jung esitti, että »minällä» oli arkkityyppi, jota kohti pyrittiin ja johon omia kokemuksia peilattiin. Minän puhdas arkkityyppi Jungin mukaan oli Jeesus. Ego oli se osa minuutta, joka jäsensi havaintojamme ja loi ihmiselle toimimisen mahdollisuudet. Jungin arkkityypeistä »varjo» edusti ihmisen eläimellistä ja tuhoavaa puolta. Eläimellisyys lienee tarkoittanut vertauskuvallista, ei biologista eläimellisyyttä. Minuus toimi Jungille ilmentymätasolla eikä hän kenties siksi syventänyt käsitettä. Gordon Allportille »minä» kehittyi iän mukana ja täyttyi meille kaikille tutuista mutta kullekin ominaisista persoonallisuuden piirteistä. Carl Rogersin mielestä ihmisen tärkein tehtävä oli luoda itselleen »minä», joka oli edellytyksenä ihmisen itsensä kehittämiselle. Skinner piti »minää» eräänlaisena käyttäytymisen varastona, joita saattoi olla useita ja jotka saattoivat olla myös ristiriitaisia. Skinner ei behavioristina kuitenkaan pitänyt minän käsitettä erityisen tarpeellisena.

[34] (Kaila, Persoonallisuus, 1938, s. 319)

minuuden ongelmallisuutta. Kailalla oli silti vaistoa yhdistää minuus ja tahto jollakin epämääräisellä tavalla.[35]

Minuus voidaan nähdä myös keskenkasvuisen nykyihmisen yksilöllisyyden tunteen tuotteena. Yksilöllisyys liittyy tahdon suojamekanismeihin, jotka luovat lapselle käsityksen omasta etuoikeutetusta asemastaan suhteessa muihin. Yksilöllisyys on »moraalista» siten, että se yhdistää lasta ja vanhempaa. Se auttaa lasta pitämään itseään sisaruksiaan ja muita hänen vanhemmiltaan huomiota vieviä tärkeämpänä. Se arvottaa maailman vanhempiin liittyvän siteen kautta. Minuus ei synny kuitenkaan pelkästä yksilöllisyyden tunteesta, vaan se tarvitsee kielen apua. Kielen kautta syntyvä minuus on tahdon käsitys omasta itsestään: tapa, jolla tahto kuulee itsensä puheessa.

Heidelberginihmisen keskenkasvuinen yksilö tunsi kyllä yksilöllisyyden mutta ei minuutta, koska se ei ehtinyt kehittää kieltäkään. Minuus aktivoitui nykyihmisen pidentyneen keskenkasvuisuuden mekanismeista, tahdosta ja järjestä vasta nykyihmiselle. Voimme kuvitella, miten tahdolla varustettu ihminen oppii järjen ja luontaisten fysiologisten ominaisuuksiensa avulla ilmaisemaan itseään puhumalla ja heijastamaan tahtoaan puheessa itseään ensimmäistä kertaa. Tahto kuulee ja tunnistaa

---

[35] Tahdon ja minuuden kytkentää on suomalaisista käsitellyt myös Erik Ahlman, jonka mukaan minuus edusti yksilön korkeimpia arvoja ja tahto oli sen kannattaja. Minuus oli jonkinlainen yksilön perustahto. Kari E. Turuselle minä oli tahdon sukulaiskäsite.

itsensä olemassaolevana, eikä enää määrittelemättömänä. Se nimeää yhden inhimillisen maailman keskeisimmistä asioista: »minän». Minuuden ei pitänyt alun alkaen syntyä, koska kielenkään ei pitänyt. Molemmat ovat kehityshäiriön seurauksia.

Kun ihminen alkoi puhua, toisenkäden tieto alkoi korvata enenevässä määrin vaistoja ja välitöntä luontosuhdetta. Puhe ei ollut yksityistä eikä henkilökohtaista. Ihminen kääntyi pois luonnosta ja alkoi kuunnella yhteisön sisältä tulevia signaaleja. Yhteisössä selviytyminen loi uuden tiedon lajin: toisenkäden jaettavan tiedon. Sen sijaan vaistoilla eläjän oli koettava kaikki itse, samoin lapsen, jonka oli opittava kaikki itse. Pian syntyi »opettaminen» eli ajatus siitä, ettei lapsen ollut tarpeen kokea ja ymmärtää asioita itse, vaan ne voitiin antaa valmiina.

Parina viimeisimpänä vuosisatana koulu on luonut kenties vieläkin omituisemman kuvan kasvamisesta ja aikuisuudesta. Koulutus opettaa väheksymään vaistoja ja lopulta vihaamaankin niitä. Se ruokkii sillä itseään. Ihmisen on kuitenkin vaikea tietää miksi tietoa tarvitaan aina vain enemmän. Hän ei ymmärrä, miksi tieto vanhentuu ja miksi se vanhentuu joskus nopeammin. Miksi pitäisi tietää enemmän kun maailma ei juuri muutu: maailmasta on tullut vain ihmisten maailma. Tiedosta on tullut todellisuutta todellisuuden tilalle. Todellisuus on vaihtunut tiedoksi. Maailma on sivuseikka informaatioyhteiskunnassa. »Tiedon tuottajasta» on tullut voimatekijä sen takia, että »tieto» on pääasiassa kysymyksiä ja arvauksia. Tieto luo levottomuutta, koska tieto itsessään merkitsee aina muutoksen tarkkailua ja varautumista riippumatta siitä, mitä ja millaista tieto. Tässä pyörityksessä ihmisen henkinen kompassi ei toimi eikä hän tiedä miten reagoisi. Hänen on uskottava toisiin.

Lasta kasvatetaan ohi hänen luonnollisen kiinnostuksensa rationaaliseen ja sosiaaliseen kilpailuun. Tieto määritellään asiaksi, jota on vain sillä, joka opettaa. Kuitenkaan ani harvalla lapsella on sellaista tiedontarvetta, jota koulu häneltä edellyttää. Lapsi tahtoo kokea asiat itse, mutta tämä estetään ohjaamalla hänet uskomaan luonnon epätodellisuuteen ja teoreettisen tiedon todellisuuteen. Häntä valmistetaan aikuisuuteen kuvittelemalla hänet pieneksi aikuiseksi ymmärtämättä, että lapsuudella ja aikuisuudella on kasvamisen kannalta lähes päinvastaiset luonteet ja tehtävät.

Yksi voimakkaimmista tahdon ilmentymistä on *seksuaalisuus*. On selvää, ettei seksuaalisuutta voi olla ilman tahtoa, joskin sen herääminen edellyttää myös hormonaalisia valmiuksia. Keskenkasvuiselle nykyihmiselle lisääntymiseen liittyvät asiat avaavat näkymän outoon aikuisuuden maailmaan, koska ne eivät nivoudu hänen keskenkasvuiseen elämäänsä saumattomasti. Ei ole yhtään liian rohkeaa kuvitella, että jonakin ohimenevinä hetkinä myös varhaisemmat *Homo*-lajiset tunsivat seksuaalisuuden houkutuksen nykyihmisen tavoin. Sitä esiintyi nuorilla yksilöillä ennen täysi-ikäisyyttä.

Seksuaalisuus on nykyihmisen tuntuma täysikasvuisten paritteluviettiin. Se on aina ulkopuolista ja sen vuoksi parittelu synnyttää tunteen luvattomuudesta ja häpeästä. Seksi saattaisi näyttää täysikasvuisen näkökulmasta »epäkypsältä» parittelulta, eikä se nykyihmisenkään mielestä ole ihan luontevaa. Se syntyy pohjimmiltaan tahdon ja sukukypsyyden välisestä jännitteestä, jota muilla eläinlajeilla ei ole. Tahdon takia seksi on aina kuvitteellista, se tapahtuu vain mielessä ja se on kuvitteellista silloinkin, kun se on tosiasiallista. Sen takia sitä on olemassa niin kauan kuin tahtoakin.

Nykyihminen näkee itsensä parittelussa tirkistelijänä ja lapsen tapaan uteliaan leikkimielisenä, koska seksi on hänelle luvaton vierailu aikuisten maailmassa. Hän ei pääse uteliaisuuden yli eikä lopulta haluakaan. Hänen aikeensa ei ole kohdata aikuisen maailmaa sellaisenaan, vaan verhottuna ja pimennettynä, salailun, piilottelun ja kieltojen kautta. Seksissä ihminen leikkii ja pelkää paljastuvansa samaan aikaan. Yhtä kiihottavaksi kuin aikanaan parittelun, hän tuntee sen katselun ja jopa pelkän ajattelun. Hänellä ei ole lupaa tunkeutua tahtoineen aikuisten maailmaan. Vaikka seksuaalisuus kuuluu selvästi inhimillisyyteen, sen animaalisuus loukkaa ihmisen arvokkuutta. Seksuaalisuus asenteena ei jää vain korvien väliin. Pukeutumalla ihminen peittää ne aikuisuuteen kuuluvat ruumiin osat, joiden kokee olevan häpeällisesti ristiriidassa olemuksensa kanssa.

Kuten aiemmin on pari kertaa mainittu, häpeä näyttää tahdon itsesäätelyjärjestelmältä. Hävetessään itseään ihminen voimistaa omaa suojelumekanismiaan eli tahtoaan. Silloin hän välttyy noudattamasta aikuisissa havaittuja käyttäytymismalleja ja altistumasta vaaroille. Moraali, esimerkiksi syyllisyyden tunteen muodossa, on reaktio häpeään heräämiseen ja siksi keskenkasvuista. Siihen liittyy myös häpeälle tunnusomaista ylimielisyyttä. Häpeä, jota ihminen tuntee nähdessään alastomuutta tai aikuisuuden sukupuolisia tunnusmerkkejä, tekee seksuaalisuudesta itseään voimistavan, koska se lisää aina sukupuolisesti kypsän ihmisen tahtoa. Seksi on keskenkasvuiselle itseään ruokkiva tahdon mekanismin tuote.

Tahto on käytetympiä ja muodikkaimpia filosofisia termejä siitä huolimatta, että sen olemus alan sisällä on monimerkityksinen ja sekava. Tahtoa ei ole käsitelty pelkästään psyykkisenä, vaan sen rinnalle on luotu myös hämärä *metafyysisen* tahdon käsite. Sen tunnetuimpia ilmentymiä on »vapaa tahto». *Immanuel Kant* piti vapaata tahtoa sivistykseen kuuluvan etiikan peruskivenä. Tahdon tuli olla vapaa sen vuoksi, että ihminen voisi irtautua synnynnäisestä vietistään villeyteen ja sivistyä moraaliseksi olennoksi. Ihmisen eläimellisyyteen viettävässä tahdossa tuli olla sivistyksen mahdollistanut vapaa alue. Kant piti subjektia ja tahtoa erillisinä, mutta on vaikea kuvitella miten ne eivät olisi sama asia. Kantin vapaus pikemminkin kahlehtii nykyihmistä, koska tahto pitää yllä minuutta ja estää tätä hyväksymästä maailmaa sellaisenaan (*an sich*). Vapaus johonkin sellaiseen, jota on pidetty paratiisista karkottamisen perusteena, ei liene kovin tavoiteltavaa. Kant ei myöskään osannut nähdä lapsen tahtoa luonnollisena ja funktionaalisena ja aikuisen tahtoa tarpeettomana. Hän ei uskonut ihmisen kykenevän kokemaan maailmaa »sellaisenaan», vaikka se on mahdollista.

Kantin vääristyneet näkökulmat nousivat yliopistomaailman ylikorostuneesta rationalismista.

Keskiajalla tahdon liittäminen oikeudenmukaisuuteen ja yksilöllisyyteen perustui oikeisiin huomioihin tahdon tärkeästä roolista, mutta tahdon ydintehtävää teologian piirissä ei oikein osattu määritellä. Mielenkiintoisimmat tulkinnat tahdosta tekivätkin katolisen kirkon kanssa riidoissa olevat mystikot. Esimerkiksi Pariisissa kerettiläisenä vuonna 1310 poltettu *Marguerite Porete* kuvasi teoksessaan »Yksinkertaisten sielujen peili» (Le Miroir des âmes simples) täydellisen yhteyden Jumalaan saavuttanutta henkilöä sieluna, »jolla ei ole tahtoa».[36] Autuudellinen tila merkitsi hengen kuolemaa eli sekä sisäisistä että ulkoisista teoista luopumista. Hänen kertomuksensa oli rehellinen ja vertauskuvaton mutta kirkolle sopimaton. Samanlaista visionääristä tahtonihilismiä edusti myöhemmin Mestari Eckhart, jolle sielu oli yhtä Jumalan kanssa silloin kun se oli ei-mitään.[37] Yritykset piirtää kirkosta ja filosofisista abstraktioista vapaata kuvaa ihmisen varttumisesta johtivat usein suoraan mestauslavalle. Paremmin hengissä pysyivät viralliseen totuuteen ja saivartelevaan kabbalistiseen luku- ja kirjainmystiikkaan ihastuneet.

---

[36] Le Mirouer des simples âmes anienties et qui seulement demeurent en vouloir et désir d'amour. Ks. (Pahan tiedon puu, 2003, s. 75)

[37] (Pahan tiedon puu, 2003, s. 81)

JÄRKI

Nykyihminen on kieltämättä oman poikkeavan elämäntapansa mestari. Hän ei jätä mitään havaintoa arvioimatta eikä tulkitsematta, vaan jäsentää ne tarkasti mielessään. Voidakseen tehdä niin, hänen on yksinkertaistettava ympäristönsä. Yksinkertaistaminen pitää ihmisen toimintakykyisenä »suoristamalla» ensin havainnot, sijoittamalla ne sitten käsitejärjestelmään ja antamalla ne lopuksi »ymmärrettäväksi». Järjen tehtävä on yksinkertaisen lajittelun, pelkistämisen, erottelun ja yhdistämisen avulla tunnistaa ja ennakoida ympäristön tilaa ja muutoksia. Siinä ominaisuudessa järki rakentaa ihmiselle muun muassa ajantajun, paikan tajun, minuuden ja moraalin. Järjen tehtävä on toimia kantajansa hyväksi, tosin hyvin mekaanisella ja käytännössä vaistoja hitaammalla tavalla.

Järki kategorisoi todellisuuden hallittavaksi kokonaisuudeksi, eräänlaiseksi väliaikaiseksi sijaismaailmaksi. Se yksinkertaistaa todellisuuden ja mahdollistaa ihmisen toiminnan oudoissakin olosuhteissa. Järki varustaa ihmisen mielen vain sellaisilla asioilla, joita se pystyy prosessoimaan, eloonjäämisen kannalta toisarvoiset asiat se suodattaa pois. Järki luo maailmaan eräänlaiset viivat ja ruudukot, joilla se hahmottaa koettua. Syyt ja seuraukset ovat tällaisia apuvälineitä. Niiden avulla järki antaa todellisuudelle arvoja, jolloin arvottaminen ja yksinkertaistaminen näyttäytyvät meille ymmärryksenä.

Muisti toimii tärkeänä osana lapsuuden ja nuoruuden puolustusarsenaalia. Oppimista ei voi olla ilman sitä. Muisti toimii sekä järjellisen, suodatetun tiedon että kokemusten säilyttäjänä. Se minimoi vaaroja tallentamalla tietoa koetuista asioista tulevien tilanteiden arviointia varten ja nopeuttaa päätöksentekoamme valintatilanteissa. Luontoon sopeutuneella ihmisellä kyvyn aktiiviseen muistin hallintaan tulisi hävitä ja korvautua vaistoilla. Sopeutumaton nykyihminen sen sijaan kantaa menneisyyttensä muistissaan koko ikänsä. Tällaista henkistä taakkaa luonto ei ollut alun alkaen ihmiselle suunnitellut. Siitä syystä lapsuus on meille merkittävämpi jakso elämää kuin millekään muulle eläinlajille tai aiemmalle ihmislajille. Tulevat asiat ovat ihmiselle korostuneesti aina aiempien kokemusten värittämiä.

Muistissa olevat asiat ja kokemukset ovat suodatettuja, jäsennettyjä ja arvosidonnaisia. Mieli on virtuaalinen näyttämö, jonne ympäristö heijastuu sellaisena kuin tahto on valmis sen hyväksymään ja ymmärtämään.[38] Lapsena emme oikeastaan koe maailmaa silmillämme ja korvillamme, vaan mielemme kautta.

---

[38] Ei kuitenkaan sellaisena kuin Descartes sen kuvasi; Descartesin näkemyksiin pohjautuvaa käsitystä nimitetään kartesiolaiseksi teatteriksi.

Sama jatkuu valitettavasti myös aikuisena. Meidät on luotu luottamaan enemmän järkeemme kuin vaistoihimme ja aisteihimme. Asiat eivät ilmene meille sellaisenaan tai »sinänsä» vaan suhteessa muistissa oleviin asioihin. Samasta syystä ensisijainen näkymä maailmaan on sisällä meidän mielessämme, ei ulkopuolella fyysisessä todellisuudessa. Jos tämä ensisijaisuus horjuu, muutumme epävarmoiksi.

Muinoin aikuistuttaessa tietoisuus hävisi, ja mieli lakkasi vertaamasta kokemuksia toisiinsa ja etsimästä niiden väliltä eroja ja muutoksia. Kun muutostietoa ei enää ollut, järkeily ja päättely ei onnistunut. Nykyihmisen tietäminen perustuu vertailuun ja erojen rekisteröintiin, siksi yksittäinen irrallinen tai toisaalta jatkuvasti samanlainen havainto ei kerro ihmiselle yhtään mitään. Esimerkiksi suomen kielessä asiat, joilla »on väliä» (tai englannin kielessä *make a difference*) tarkoittavat »merkityksellistä» ja kertovat siitä, että inhimillinen tieto rakentuu vertailusta. Vertailun takia nykyihmisellä ei ole mahdollisuutta kokea nykyhetkeä sellaisenaan, vaan aika on ymmärryksessä aina »ennen» tai »jälkeen» mutta ei koskaan »nyt». Joidenkin tutkimusten mukaan tietoisuutemme on jatkuvasti noin 80 millisekuntia jäljessä nykyhetkestä: nopeimmillaankin asioiden vertaaminen kestää vähintään tämän verran.[39] Ihminen ei voi

---

[39] Esim. http://blogs.scientificamerican.com/observations/time-on-the-brain-how-you-are-always-living-in-the-past-and-other-quirks-of-perception/ [siteerattu 26.7.2015] tai
http://www.salk.edu/news/pressrelease_details.php?press_id=31

kiistää nykyhetken olemassaoloa, vaikkei hän voikaan sitä kokea, mutta hän voi vähätellä sen merkitystä.

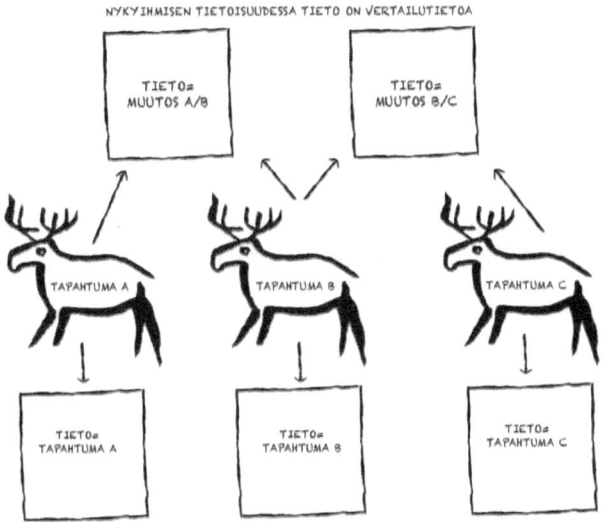

Kaksi erilaista tietämisen tapaa – Rationaalisen nykyihmisen tieto on vertailu- ja muutostietoa. Se ei kerro asioista sinänsä, vaan niiden muutoksista. Asioiden mieli syntyy niiden vertailtavuudesta. Aiemmin aikuisen tieto ei perustunut vertailuun, vaan asioiden kokemiseen, ja siksi sen tieto tuntuisi nykyihmisestä »suhteettomalta» ja »mielettömältä». Nykyihminen tuntee niiden heikot muodot, alitajunnan ja »mutun».

Nykyihminen tietää vain »lukemalla» mielessään olevaa muutostietoa, eli vertailemalla olevien asioiden eroja. Hän on riippuvainen omista mielikuvistaan ja katsoo sisäänpäin silloinkin, kun hän katsoo ulos. Kaikki jaettava tieto on hänelle järjellisesti prosessoitua, joten asiat, joita ei voi vertailla, eivät merkitse mitään. Ne ovat »järjettömiä» tai »mielettömiä». Tästä johtuu, että lajityypillisestä ja luonnollisesta tulee nykyihmiselle vierasta tai jopa vastenmielistä. Normaalisti kehittyvä täysikasvuinen tietäisi aidommin ja välittömämmin, mutta sen tietämisen tapa olisi tyystin erilainen. Täysikasvuinen tietäisi mitä ovat »asiat sinänsä», eivätkä ihmisen alkuperäiset lajityypilliset piirteet olisi moraalisesti mitenkään epäilyttäviä tai »järjettömiä».[40]

Järjen toiminta perustuu käytännössä uhkaavien tai epämiellyttävien tilojen eliminoimiselle, ei mielenkiinnon synnyttämälle etsimiselle eikä maailman tutkimiselle. Järki ei osaa tehdä luovia valintoja vaan ainoastaan poistaa huonoimmat vaihtoehdot yksi kerrallaan vertaillen. Valituksi tulee se, joka jää viimeiseksi. Järjen olemus on hävittää eikä paljastaa, ja sen takia se on luovaan työhön kykenemätön. Vertailemisen takia järki on myös hidas. Järjellinen valinta tarkoittaa parhaimmillaankin vain »vähiten huonoa» vaihtoehtoa. Järjen toiminnassa ei ole mitään myyttistä

---

[40] Italialainen Giorgio Colli kirjoitti tietämisen eroista seuraavasti: »Ja koska yksilöitymisemme [keskenkasvuisuus] ei ole muuta kuin tietojen kytkös, ja se mikä on yleisempää yksilöitymisen tuolla puolen [täysikasvuisuus], on edelleen tietoa, vaikkakin toisenlaista tietoa, juuri siksi, henkilön verhon [tahdon ja järjen häviäminen] repeydyttyä, ilmestyy ekstaasin mahdollisuus, tieto, joka on alkulähteillä [»an sich]», hetki, ensimmäinen muisto siitä, mikä ei vielä ole tietoa.» (Colli, Nietzschen jälkeen : miten tullaan filosofiksi, 2008). Hakasulkujen lisäykset tekijän.

eikä yllättävää. Sen tekemissä johtopäätöksissä ei ole mitään, mikä ei olisi valmiina jo ongelman asettelussa. Tässä on luomakunnan kruunun kalleimman jalokiven kaikki hohdokkuus.

SIVISTYKSEN PAPERINEN KIVIJALKA

On hämmästyttävää, miten Mesopotamiassa Vähä-Aasiassa syntyneet varhaisimmat korkeakulttuurit, Sumer, Akkad, Assyria, Babylonia ja Elam, olivat jo pian syntymänsä jälkeen hyvin samanlaisia kuin omamme nykyaikana. Kirjoittaminen, hallinto, virkamiehistö, tieteet, arkistot, kirjastot, sanakirjat, historia, uskonnot, papisto, kirjoitetut lait, opettaminen, koulut, koko sivistämisen laaja toimiala oli olemassa jo sivistyksen varhaisimmissa kaupungeissa. Jopa savisilla asiakirjoilla oli standardimuotonsa. Maailman vanhimpana korkeakulttuurina pidetään nykyisen Irakin alueella, Persianlahteen laskevien Eufrat- ja Tigris-jokien laaksoissa, sijainnutta Sumerin kaupunkisivilisaatiota, joka kukoisti noin puolentoista tuhannen vuoden ajan, 3500 eaa. alkaen.[41] Nykyisin Mesopotamian Eridun, Urukin ja Urin kaupungit ovat hävinneet tai sotien jäljiltä raunioina. Niiden kulttuurikin on hävinnyt tuhansia vuosia sitten. Sumerilaiset keksivät valtiolaitoksen, puutarhanhoidon ja savitiilen valmistuksen. He keksivät pyörän ja sen ohella muutakin pyöreää: 60-osaisen ajanmäärityksen (60-osaisen minuutin ja tunnin) ja 360-asteisen ympyrän. Mikä vielä merkittävämpää, he keksivät myös näitä kaikkia koossapitävän voiman, josta tuli kaikkien tulevien sivilisaatioiden perusta: kirjoitustaidon.

Kaupunkikulttuureissa tiiviisti elävät eivät huomanneet, että kaupunkimainen elämäntapa eristi ihmisen luonnosta ja vaikeutti sen ajan ymmärtämistä, jolloin kulttuurista pääomaa hallitsivat sitä luovat ihmiset. Maanviljelys vaikutti kaupunkikulttuurien syntymiseen, mutta näiden kehittyminen oli kuitenkin suurenevien ja organisoitujen yhteisöjen tiiviimmän kanssakäymisen tulosta. Keskeiseksi kuvaajaksi tuli kehitys ja historiallisessa tarkastelussa myös kehityksen vauhti. Kaupungeissa ihmiset saattoivat elää selkeästi helpommin kuin kylissä tai pienyhteisöissä, mutta kaupungeissa oli myös noudatettava yhteisiä sääntöjä, koska ihmiset olivat tiiviisti sidoksissa keskenään. Tämä ei tarkoittanut ainoastaan konkreettista sidosta

---

[41] Vuoden 2007 aikana Pohjois-Syyriasta läheltä Irakin ja Turkin rajaa on kaivettu vielä vanhempia kaupunkeja, mm. Tell Hamoukar. *John Noble Wilford,* Ruins in Northern Syria Bear the Scars of a City's Final Battle. New York Times, 16.1.2007. (Wilford, 2007)

vaan kiinnittymistä järkeen ja logiikkaan kommunikaation korostumisen vuoksi. Rationaalisuus taas tuotti lisää luonnosta loitontavaa kulttuuria. Nopealla kehityksellä oli hintansa.

Kaupunkikulttuurissa ei ollut mahdollisuutta paeta rationaalisuuden ja tahdon synnyttämiä ongelmia niin kuin paimentolaisyhteisöissä. Kun niitä ratkottiin yhteisössä rationaalisesti eikä enää vaistolla, tuloksena oli usein uusia ongelmia. Yksinkertainen normi johti lakiin, johon tehtiin tarkennuksia ja näille taas tulkintoja, joita jouduttiin aika ajoin muuttamaan. Kaupunkikulttuurit kasvoivat jo yksistään tällaisten sisäisten rakenteellisten seikkojen takia. Ihmisten keskinäinen riippuvuus lisäsi asioiden sujumisen ja yksimielisyyden tarvetta ja moninkertaisti järjenkäytön tarpeen. Lisäksi kaikkien ongelmien perimmäisin syy, järki, ei ollut väistettävissä, koska se oli keskenkasvuisen maailmankuvan ydin. Järjen luomat ongelmat ratkaistiin järjellä. Mitä enemmän järki ja sen kulttuuriset johdannaiset, kuten kieli ja kirjoitus, hallitsivat ihmisten kanssakäymistä, sitä enemmän rationaalisuuteen liittyviä ongelmia ihmiset kohtasivat ja sitä vahvemmin kulttuurin keskenkasvuinen puoli kasvoi. Ainoa ulospääsytie järjen umpikujasta oli usein väkivalta.

Kaupunkien kulttuuri ei ollut kehittyneempää kuin agraari- ja paimentolaiskulttuurit. Se oli vain toisenlaista. Vanhat arkaaiset kulttuurin muodot riitteineen ja vertauskuvineen eivät vastanneet siihen järjellisyyden kysyntään, joka syntyi uuteen tiiviiseen ja sosiaaliseen kaupunkikulttuuriin. Vanhojen kulttuurien kieli – jos sitä ylipäätään oli – oli vääränlaista ja osin vaikeasti ymmärrettävää ja sen kuvaamat asiat vieraita ja käsittämättömiä.

Korkeakulttuurit olivat alusta alkaen vahvasti ihmiskeskeisiä. Ongelmakeskeisyytensä takia ne kasvoivat myös sisältäpäin, kun ongelmat kytkeytyivät keskenään ja muuttuivat monihaaraisemmiksi. Sivistyessään ihminen ei saanut lahjaksi ratkaisuja, vaan opetteli toisten ongelmia ja otti ne kannettavakseen. Myöhemmin hän jätti samat ongelmat toisille tai oli ehkä jalostanut niistä uusia. Pienissä kylissä ja paimentolaisyhteisöissä tällaista vinoutunutta kehitystä ei ollut. »Kuta korkeammalle nousemme kehityksen portaita, sitä runsaimmiksi käyvät yksityishuomiot ja sitä moninaisemmaksi särkyy elämän orgaaninen alkunäky», Tatu Vaaskivi kirjoitti. Hän näki, että kulttuurin kuoleminen sivilisaation syntyessä ilmenee liiallisena ja yliviljeltynä älykkyytenä.

Oli vain ajan kysymys, milloin kaupunkikulttuurinen väenpaljous alkoi siivota ympäriltään inhimillisyyttä loukkaavia piirteitä. Luonnollisuutta alettiin nimittää villiksi, brutaaliksi, »eläimelliseksi» ja häpeälliseksi, kun taas inhimillistä sopeutumattomuutta »luonnolliseksi», sivistyneeksi ja kaupunkilaisen arvoja edistäväksi. Vaisto alkoi merkitä vikaa, eikä ihminen enää kyennyt näkemään eroa oman lapsellisen järjettömyytensä ja lajin aikuisuudelle tyypillisen, luovan irrationaalisuuden välillä. Inhimillisyys menetti mittakaavan, luonnollisen horisontin ja alkoi kasvaa kaupunkilaisen eristyksenhalun ja vääristyneen itsetunnon siivittämänä jättimäiseksi mielikuvitusilmiöksi.

Kaikkia aikuisuuden jälkiä ei kaupungeista kuitenkaan voitu hävittää. Aikuisuus muuntui kaupunkilaisessa käsittelyssä puhtaaksi ja viattomaksi inhimilliseksi tuotteliaisuudeksi, josta irrationaalinen oli siivottu pois. Kielletty luonto vääntyi taiteiksi ja mystiikka uskonnoiksi. Luomistoiminnan tavoitteeksi tuli inhimillisesti ymmärrettävä ja yhteisesti jaettava, näkyvä ja aistittava todellisuus. Liiallinen inhimillisyys heikensi samalla todellisuuden ymmärtämistä. Näkyvät kulttuuri-ilmiöt alkoivat jo varhain heijastaa koko maailmankaikkeuden »henkistä» rakennetta. Pian myös taivaan selittämättömät ilmiöt saivat hengellisen sisällön. Yksi vanhimmista egyptiläisistä jumalista, Memfiin kaupungin pääjumala *Ptah*, oli käsityöläisten ja taiteilijoiden jumala. Kaupunkeja pidettiin taivaallisten kaupunkien kopioina ja esimerkiksi Babylonin nimi viittasi jumalan asuinsijaan ja sananmukaisesti merkitsi jumalan porttia (*bāb-ilû*).

Sivilisaatiossa ihmisen mahdollisuudet ymmärtää itseään vaikeutuivat, mikä näkyi kulttuuri-ilmiöiden moninkertaistumisena. Tuotteliaisuutta seurasi ihmisyyden paikannuspisteiden kadottaminen. Kun ihminen eli toisten elämää, eli hän myös näiden vaikeuksia ja ongelmia. Omalle itselleen hän ei ilman huonoa omaatuntoa osannut kuvitella omistautuvansa. Sivistyksen merkitys syntyi uskomuksesta, että vain ihminen voi avata maailman toiselle ihmiselle. Ihmisen ja luonnon välinen side ei merkinnyt enää mitään. Tatu Vaaskivi kirjoitti: »Sivilisaation valo osoittaa kirkkaana merkkitulena, missä kuolema on käynyt yli luonnon. Kuten suurten metropolien asutusalueet edellyttävät laajojen maisemien väkivaltaista hävittämistä ja riistävät itse maaperästä sen luovan kasvuvoiman, samoin käyttää kaikki henkinen kehitys häikäilemättä hyväkseen elämän perusenergiaa. Yhä kirkkaampaan yksilöitymiseen, yhä korkea-asteisempaan hengen kasvuun kätkeytyy aina yhä murhaavampaa suhtautumista tummaan alkuelämään – »sieluun».[42]

Arkeologia on korvannut jumalat ihmisen historiallisen identiteetin rakentajana. Ihminen kaivaa menneisyyttään löytääkseen vastauksen ihmisyyden suureen mysteeriin. Hän haluaa ymmärtää itseään historian kautta. Mutta ihminen haluaa myös koskettaa historiaa. Ajan ylittävä yhteys on ihmiselle maagista. Jos historia onkin vailla tunteita ja koskettavuutta, ovat museot paikkoja, joissa historia voi muuttua yksityisyydeksi, suunnitelmat tunteiksi ja esineet saada inhimillistä lämpöä. Kun *Johann Ludwig Burckhardt* näki Abu Simbelissä Egyptissä Ramses II:n valtavan temppelin paljastuvan hiekan alta, saivat aika ja historia hänellä uudenlaisen merkityksen. Vielä voimakkaammin historian suhteellisuuden koki varmasti toinen egyptologi *Howard Carter* kurkistaessaan kynttilä kädessään sinetöityyn oveen tehdystä reiästä faarao Tutankhamonin runsaasti varusteltuun hautaan. Historia muuttui käsinkoske-

---

[42] (Vaaskivi, Huomispäivän varjo, 1938, s. 211)

teltavaksi, tai oikeastaan se hävisi kokonaan, kun menneisyys lennähti vuosituhansien takaa kirjaimellisesti suoraan heidän silmilleen. Aika näyttäytyi ohikiitävän hetken ihmisen rakentamalta esteeltä, ei luonnonilmiöltä. Muuttumattoman menneisyyden läheisyys tuntui paradoksaalisesti aidommalta kuin nykyaika. Ihmislajit elivät satoja vuosituhansia toisensa ymmärtäen ja hyväksyen, mutta nyt jo muutamien tuhansien takaisiin tapahtumiin ja ihmisiin suhtaudutaan kuin outoon arvoitukseen. Menetämme yhteyden menneisiin sukupolviin, koska näemme tapahtumien ketjun kehityksenä, joka loitontaa meitä edeltävistä sukupolvista. Maailma ei kuitenkaan muutu muualla kuin omassa mielessämme.

Korkeakulttuurissa merkityksellisten asioiden historia on vain noin 6 000 vuoden ikäistä. Unohdamme jonnekin vähintään 100 000 vuotta toisenlaista muttei yhtään vähäarvoisempaa ihmisen elämää. Kuvittelemme edelleen, ettei maapallolla tapahtunut kulttuurisesti olennaista ennen Kaksoisvirtainmaan korkeakulttuuria. Haluamme nähdä nykyihmisen sivistyneenä *Homo civiliksenä*, emme irrationaalisuuteen taipuvaisena paimentolaisena, maalaisena, emmekä kiertolaisena. Ihmisen historia lyhenee ja nopeutuu entisestään. Menneisyys muuttuu käsittämättömäksi yhä nopeammin. Yritämme pysyä vauhdissa, mutta emme pysty selittämään edes lähimenneisyyttä. Asioita on liikaa muistettavaksi ja ne kaikki ovat irrallisia. Menneisyyden punainen lanka on katkennut.

Sivistyksen leviäminen perustui olennaisesti kirjoituksen kehittymiseen ja sen ihmisen erityislaatua korostavaan luonteeseen. Kirjakulttuureissa elävien ihmisten kehittymisen ja kasvamisen ohjaus muuttui kasvamisen hallinnaksi. Nuoria alettiin ohjata rationaaliseen kulttuuriin. Voi jopa sanoa, että sivistys synnytti »nuoruuden». Nuoruudesta kertovia merkintöjä on koottu jo Sumerista alkaen: »[Isä:] Missä sinä olet ollut? [Poika:] En missään. [Isä:] Jos et ole ollut missään, niin miksi seisoskelet täällä. Mene kouluun opettajan eteen ja lue läksysi, kirjoita tauluusi.»[43] Nuorten sivistämisessä on Sumerin jälkeenkin luotettu tietoon, järkeen ja perustelemisen voimaan. Antiikin kreikkalaisten kasvatusihanne oli sopusuhtainen ihminen, jonka sivistyneisyys todisti rakkaudesta kauneuteen ja ylevyyteen. Sivistys ei merkinnyt kreikkalaisille välinettä, vaan päämäärää. Sitä harjoittivat vapaat miehet joutoaikoinaan,

---

[43] » ...Why do you idle about? Go to school, recite your assignment, open your schoolbag, write your tablet, let your »big brother» write your new tablet for you. Be humble and show fear before your apprentice teacher. When you show terror, he will like you... Never in my life did I make you carry reeds to the canebrake. I never said to you »Follow my caravans.» I never sent you to work as a laborer. »Go, work and support me», I never in my life said that to you. Others like you support their parents by working... Compared to them you are not a man at all. Night and day you waste in pleasures.... Among all craftsmen that live in the land, no work is more difficult than that of a scribe. [But] it is in accordance with the fate decreed by [the god] Enlil that a man should follow his father's work. » (Lainaus noin 2 000 eaa.) (Cohn-Haft, 1965).

orjien pitäessä huolta yhteiskunnan kannalta käytännöllisemmistä asioista. *Enkyklios paideia* tarkoitti kirjaimellisesti opettamisen piiriä ja termistä on myöhemmin johdettu sana ensyklopedia.[44] Kreikkalaisten mielestä muut kansat eivät voineet olla samalla tasolla, koska niiltä puuttui kreikkalainen kieli ja sen luoma sivistys. Kreikkalaisten barbaareina pitämistä, eli ei-kreikkaa puhuvista kansoista, tuli sivistyksen ja Kreikan vihollisia.

Korkeakulttuureissa kasvatuksen tärkeäksi tehtäväksi tuli nuoren jalostaminen poliittiseksi kansalaiseksi: kaupungit olivat *poliksia* ja kaupunkilaiset edustivat niiden elämäntapaa. Kaupunkilainen sivistys manipuloi kasvatuksen luonnon karttamiseen tähtääväksi politiikaksi, joka jokaisen oli omaksuttava. Lapsuuteen liittyvää uteliaisuutta, oppimiskykyä, järkeä ja tunteita ylikorostettiin ja luontoon liittyvät häpeälliset ominaisuudet tuomittiin. Sivistys sotki, kahlitsi ja sensuroi kulttuurien rakentumisen orgaanisia mekanismeja ja aiheutti kasvaessaan niiden tukehtumisen. Tätä kutsuttiin »kehittymiseksi».

Luontoyhteyden hävittäminen oli yhtä tahallista kuin tahatontakin. Täysi- ja keskenkasvuisuuden välisiä eroja ymmärrettiin sitä vähemmän mitä vähemmän niitä oli näkyvissä. Pohjimmiltaan vieroksuttiin kaikkea sellaista, mikä kyseenalaisti

---

[44] Sivistyksellä ja leikillä oli Kreikassa läheinen yhteys. Sivistys (*paideia*) nähtiin eräänlaisena leikkinä (*paidia*), ja näin ajatteli jopa Sokrates. *Paideian* kantasanana on lasta tarkoittava *pais*.

nuorekkuutta palvovan kaupunkilaisen arvokkuuden ja erityislaadun. Sivistys antoi kaupunkilaiselle kunniallisen menneisyyden samalla, kun se kielsi tiedon ihmisen alkuperäisestä eläimellisyydestä. Se piilotti ihmisen luontoon liittävät myytit ja korvasi ne inhimillisillä.[45] Tällä sivistys poisti ihmiseltä kyvyn arvioida hänelle opetettujen tietojen ja totuuksien arvoa. Tieto kasautui massaksi, jonka hallitsemiseksi luotiin keinotekoisia ja muodollisia totuuksia. Mitä enemmän ihminen eli sivistyksen varassa, sitä epäitsenäisempi hän oli. Hänellä oli osa näytelmässä, jota kutsuttiin historiaksi ja jonka sivilisaatio kirjoitti ihmisen erityislaatuisuuden kunniaksi.

Länsimaiseen sivistyskäsitykseen vaikuttanut Immanuel Kant oli yksi niistä filosofeista, jotka mukisematta ylistivät kreikkalaisten sivistämistyötä. Hän määritteli sivistämisen toimeksi, jolla ihminen erotettiin omasta luonnollisesta ja valitettavasta alkukantaisuudestaan. Se merkitsi avautumista inhimillisille mahdollisuuksille ilman kielteisiä tai haitallisia vaikutuksia. Kant ei uskonut sivistyksen vaikeuttavan todellisuuden ymmärtämistä. Hänen tekstinsä kertovat, ettei hänellä ollut tuntumaa ihmisen piiloteltuun luontoon. »Ihminen on ainoa olento, jota täytyy kasvattaa», hän kirjoitti.[46] Kasvattaminen oli

---

[45] Tällainen oli Kreikassa esimerkiksi myytti Dionysos-jumalasta härkänä ja villieläinten herrana.

[46] »Der Mensch ist das einzige Geschöpf, das erzogen werden muß.» (Kant, 1803)

ainoa keino ihmisessä synnynnäisesti olevan villeyden taltuttamiseen. Ihmisen villeys merkitsi laeista ja määräyksistä piittaamattomuutta, ja kasvattamisen tavoite oli estää ihmistä haluamasta sivistymisen tiellä olevaa vapautta. Kant halusi varmistaa ihmisen vapaudenhalun hillitsemisen ja kehotti vieroittamisen aloittamisen jo rintalapsena.[47] Hän laati eri ikäkausille kasvatus-, koulutus- ja kurinpito-ohjeet ja kirjoitti, että sivistymätön ihminen oli jalostamaton ja kasvattamaton ihminen oli villi. Ihmisen ongelma oli, ettei hänellä ollut eläimen eikä järkiolennonkaan täydellisyyttä, ainoa pelastus oli inhimillisen keskeneräisyyden järjellinen hallinta. Kant kyllä aivan oikein ymmärsi, ettei luonto ollut luonut ihmistä valmiiksi ja jos luonnolla oli suosikki, se oli eläin, ei ihminen. Hän ei vain halunnut myöntää ihmistä miksikään »ontologiseksi kentauriksi».[48] Siksi sivistyksen tehtävä oli piilottaa ihmisen heikkoudet. Niistä ei saanut muodostua häpeän aiheita. Sivistyksen oli sysättävä »ihmistyminen» liikkeelle, koska korkeampaan johdatukseen ei voinut luottaa. Vaikka Kant ei ollut täysin väärässä, olivat hänen ohjeensa tavoitteiden kannalta itseään tuhoavia. »Ihmistyminen» merkitsi pelkkää sääntöjen omaksu-

---

[47] »Bei dem Menschen ist es wie bei allen andern Tieren: wie es frühe gewöhnt wird, so bleibt auch nachher ein gewisser Hang bei ihm. Man muß also verhindern, daß sich das Kind an nichts gewöhne; man muß keine Angewohnheit bei ihm entstehen lassen» (Kant, 1803).

[48] Ilmaisu on Giorgio Collin. (Colli, Nietzschen jälkeen : miten tullaan filosofiksi, 2008)

mista ja ulkonaista alistumista. Hän ei halunnut nähdä, että ongelmana oli itse sivistys ja sen luonnonvastaisuus eikä suinkaan mikään villi ihmisyys. Sivistyminen kasvatti ihmisen ja luonnon välistä kuilua, ei poistanut sitä.[49]

Søren Kierkegaard sen sijaan kielsi suoraan sivistämisen hyödyllisyyden sillä perusteella, että ihminen kehittyi vain sisältä päin.

»Ja nykyajan spekulaatio aiheuttaa hyvin usein sellaisen sekaannuksen – vaikkakaan siihen suoranaisesti itse syyllistymättä – että yksilön oletetaan ilman muuta suhteutuvan (kuten eläinlajin yksittäinen ilmenemä suhteutuu lajiinsa) ihmishengen kehitykseen aivan kuin hengen kehitys olisi jotakin sellaista, minkä aikaisempi

---

[49] Sigmund Freud uskoi kulttuurin olevan luonnollisen elämän este. Kulttuurit olivat seksuaalisen viettienergian tukahduttamisen ja viettien jalostamisen synnyttämiä. Seksuaalisuus oli hänelle keskeisin kulttuuria ja ihmisen psyykettä muovaava voima mutta sen lisäksi myös ihmisen aggressiiviset taipumukset rakensivat kulttuuria. Niiden tuhoisuuden esti vain superego muuntamalla ne syyllisyydeksi. Syyllisyys oli Freudille kulttuurin kehittymisen epämiellyttävä mutta väistämätön seuraus. Hänen viimeisen teoksensa nimenä olikin »Ahdistava kulttuurimme». Eino Kaila totesi varsin osuvasti Freudin teoriasta, että jos sublimaatio synnytti kulttuuria ja kulttuuri edelleen sublimaatiota, niin mitä teoria oikeastaan selitti (Kaila, 1938 s. 303). Freudin näkemän ahdistuksen todelliset syyt voi löytää pikemminkin sivistyksestä itsestään kuin seksuaalisuudesta tai aggressioista, jotka ovat vain osa inhimillistä keskenkasvuisuutta. Vaikka Freud näki asiat jotakuinkin päinvastoin kuin Kant, hänenkin oli vaikea kuvata kulttuurien toimintaa uskottavasti. Hän kuitenkin ymmärsi alitajunnan vähättelyn (tabut) merkitsevän kulttuurien tuhoamista.

sukupolvi voisi testamentata seuraavan hyväksi, ikään kuin yksilöitä ei olisi säädetty elämään henkinä vaan sulkupolvena, mikä on sekä sisäisesti ristiriitainen että eettisesti inhottava ajatus. Hengen kehitys on omakohtaista toimintaa; henkisesti kehittynyt yksilö vie kehityksensä mukanaan kuollessaan. Jos seuraavan sukupolven yksilö tahtoo saavuttaa saman kehitysasteen, sen täytyy tapahtua hänen oman toimintansa avulla; sen vuoksi hän ei voi hypätä minkään vaiheen yli. No, on tietenkin mukavampaa ja helpompaa pitää meteliä siitä, että on syntynyt spekulatiivisella yhdeksännellätoista vuosisadalla».[50]

Tämä on harvinainen ja suhteellisuudentajuinen kommentti sivistyksen epäkohdista sivistyksen sisältä. Kirjakulttuureissa toisten kirjoittamat kuvitelmat on helppo kopioida mutta toisaalta ei ole naiivimpaa tapaa luulotella olevansa viisas ja tietävä. Ainoa keino viisastua on etsiä viisaus itsestään ja unohtaa kaikki valheelliset proteesit. Ihminen on tiedon ja viisauden suhteen aina omavarainen. Kirjoitus ei voi koskaan sisältää mitään niin tärkeää, ettei sitä voisi periaatteessa itse hankkia.

Kierkegaard tulee kieltäneeksi myös sen harhan, että tieto kumuloituisi kirjoituksiin. Mikään määrä lukeneisuutta ei nosta ihmistä toisen yläpuolelle eikä korvaa kokemuksia. Kulttuurissa ei ole uranuurtajia eikä edelläkävijöitä, koska ei ole kehitystäkään. Ei ole mitään profeettoja eikä ylipappeja. Samaa toisti kirjailija *Marcel Proust*:

---

[50] (Kierkegaard, Päättävä epätieteellinen jälkikirjoitus, 2001, s. 351)

»Kaikki on ihmisyksilössä, jokainen yksilö ryhtyy omakohtaisiin taiteellisiin tai kirjallisiin pyrkimyksiin alusta pitäen, eivätkä hänen edeltäjiensä teokset muodosta saavutettua totuutta, joista jälkeen tuleva hyötyy, kuten tapahtuu tieteessä. Tämän päivän nerokkaalla kirjailijalla on kaikki tehtävänään. Hän ei ole sanottavasti edistynyt siitä mihin Homeros lopetti».[51]

Sivilisaatiot näyttävät mielellään inhimillisyyden hohtavan puhtaana, mutta niillä on aina ollut myös pitkät verijäljet. Kidutuksia, noitavainoja, inkvisitiota ja sotia ei haluta sivilisaatioiden julkisivulle mutta ne kummittelevat sen takana. Ne ovat ylikehittyneen teini-ikäisyyden ydinolemus ja sen palvomisesta maksettava hinta. Sodat osoittavat selvästi sivistyksen heikot kohdat. Sivistäminen on aina politiikkaa – mitä enemmän on sivistystä, sitä enemmän on politiikkaa ja sitä enemmän myös sotia.

Sivistyksen tulisi avata silmät ihmisen todelliselle luonteelle eikä ummistaa niitä. Sen tulisi osoittaa ihmisen paikka luonnossa, eikä tehdä siitä käsittämätöntä. Ihminen sivistetään kuitenkin uhmaamaan elämää, hylkäämään aiemmin vallinnut terve järki ja vaihtamaan se omahyväisyyteen. Kirjatkin valitettavasti opettavat ihmiselle, ettei hänen tarvitse ajatella itse: muut tekevät sen hänen puolestaan ja tekevät sen myös paremmin. Keinotekoisuus on todempaa kuin todellisuus.

---

[51] (Proust, 2003, s. 90)

Kuvittelu on todempaa kuin kokeminen. Tyhmyyden häpeä on olennainen osa tiedon ja tiedontarpeen myyttiä.

Aikuisuutta ymmärtävien ihmisten tehtävä on vuosituhansien ajan ollut kulttuuria luomalla kertoa ihmisestä luonnosta karkotettuna olentona. Heidän tehtävänsä on ollut auttaa ymmärtämään ihmisen jatkuvaa epävarmuutta ja pelkoa, elämän epämääräisyyden synnyttämää tyytymättömyyden tunnetta, kehittymisen ja muuttamisen halua, luonnolta suojautumisen tarvetta, lyhyesti sanottuna asioita, jotka ovat ominaisia vain meille ihmisille. Mutta kertoa myös inhimillisyyden rajoituksista, kuvitelmiemme onttoudesta ja järjen pettävyydestä. Usein he ovat maksaneet yrityksistään kalliisti. Kun sivilisaatio kielsi ihmisen lajityypillisen menneisyyden ja käänsi vanhat viisaudet nurinniskoin, kun se teki ihmisen menneisyydestä tabun ja linnoittautui omahyväisyyteensä, katkoi se ihmiseltä siteet itsensä ymmärtämiseen.[52] Se, miksi ihminen on juuri itselleen suurin arvoitus ja miksi hän ymmärtää atomiakin paremmin kuin itseään, ei ole kiinni hänen taidoistaan, vaan itse aiheutetusta sokeudesta.

Kun luonto lakkaa puhumasta ihmiselle, etsii hän sille lohtua tähtien takaa. Älyllisen elämän etsiminen muualta avaruudesta on luontevaa jatkoa inhimillisen yksinäisyyden ristiretkelle,

---

[52] Termit *lajityypillinen*, *arkaainen*, *täysikasvuinen* ja *aikuinen* viittaavat ihmisen ja yleensä Homo-lajisten alun perin dominoivaan psyykkiseen ominaisuuteen.

mutta se ei tee oikeutta niille, joita ehkä mahdollisesti ulkoavaruudesta löydämme. Voi aiheellisesti myös kysyä, kuinka me voimme ymmärtää muita olentoja, kun emme ymmärrä kelvollisesti edes itseämme. Ihmisen maailmaan kuuluvat vain inhimilliset oliot. Ihminen vierastaa muita olentoja ja sulkee ne lopulta maailmastaan kokonaan pois. Ihmisen maailma on suljettu, vaikka hän elättää käsitystä sen avoimuudesta. Ihminen kommunikoi vain ihmisen kanssa. Tai oikeammin, hän kommunikoi kaikkien kanssa kuin ne olisivat ihmisiä. Ihminen ei pysty ymmärryksensä eikä kielensä puitteissa venymään itsensä ulkopuolelle, vaikka kuinka haluaisi.

Voi kuulostaa yllättävältä väittää sivistystä ja fundamentalismia toistensa sukulaisiksi, mutta niillä on useita yhteisiä piirteitä. Käännyttämisen ja yhteisyyden korostamisen lisäksi molemmat ovat äärimmäisen kirjallisia ja lakihenkisiä. Kumpikaan ei tarjoa vaihtoehtoa, vaan tuhoaa tieltään ne, jotka kääntyvät niitä vastaan. Ne sulkeutuvat ympäristöltään ympäröimällä itsensä kuvitelmilla ja pelolla. Ei ole ehkä yllättävää, että sivilisaatioiden tuhon kuvauksia on ollut olemassa varhaisimmista kirjallisista kulttuureista alkaen. Yksi monista on vedenpaisumusmyytti, jonka varhaisimmat säilyneet versiot olivat sumerilaisia.[53] Myös akkadilaisilla ja assyrialaisilla oli

---

[53] Gilgamesh, s. 159 (2003) Vedenpaisumusmyyteillä on mitä ilmeisimmin myös todellinen taustansa. Ilmaston lämpeneminen ja sen aiheuttama voimakas vedenpinnan nousu vajaat 10 000 vuotta sitten mm. erotti Amerikan mantereen Aasiasta ja loi Japanin ja Ison

omansa, ennen juutalaisten Nooan arkkia. Vaikka tarinoilla on juurensa jääkauden jälkeisissä sulamisvesissä, nämä tarinat olivat myös kuvia pelosta, jonka ihmisen luonnosta eristäytyminen aiheutti.

Ensimmäinen maailmansota kariutti eurooppalaisten viimeisimmät illuusiot sivistyksen kaikkivoipaisuudesta ja jouduti sen intellektuaalista kriisiä. Monet näkivät kriisin älyn ja vaiston, tai intellektin ja intuition, välisenä kamppailuna, jossa äly toimi vaiston vahingoksi. Julistettiin, että intellektuaalisen ymmärryksen oli suurten maailmanarvoitusten edessä vaiettava ja intuition saatava äänensä sen tilalle.[54] Ymmärrettiin, että vaistoa ja intuitiota on mahdotonta korjata, jos ne tuhotaan. Ne rakentuvat, jos ovat rakentuakseen, mutta niitä ei saa aikaan tekemällä.

Kaikki yritykset rakentaa viisautta keinotekoisesti teini-ikäisellä ymmärryksellä, johtavat yleensä joko mielipuolisuuteen tai sairaalloiseen rationaalisuuteen. Järjestä nykyihminen ei pääse kuitenkaan kokonaan eroon, jos ihmisen halutaan oleva jotakuinkin yhteisökelpoinen ja keskusteleva. Toimivan kulttuurin elinehto on järjen ja vaiston kontrolloimaton kompromissi. Sopusoinnusta ovat puhuneet mm. *Henrik Ibsen*, *José*

Britannian saaret. Ilmaston lämpeneminen mahdollisti myös korkeakulttuurien synnyn.

[54] Esim. Henri Bergson (1859–1941), Ludwig Klages (1872–1956), Hermann Graf Keyserling (1880–1946)

Ortega y Gasset, Hermann Hesse ja Nietzsche. He ovat pitäneet Dionysoksen ja Apollon, tai vaistojen ja järjen, tasapainoa kulttuurien ja mielekkään elämän jatkuvuuden edellytyksenä. Kulttuurien tulisi saada rakentua vapaasti ja orgaanisesti ilman ohjausta. Kulttuurit eivät kehity, ne muuttuvat ja varioituvat. Ihmisen lajityypillinen irrationaalisuus on ainoa linkki elämän mielekkyyden kokemiseen. Kahleettomasti kasvava kulttuuri on sen ainoa julkinen purkautumiskanava.

PATOLOGINEN RATIONALISMI

Jokainen on joskus lapsena kuvitellut miltä tuntuu tietää paljon. Tietämisen kokemuksen latteus aikuisena on väistämättä pettymys. Viisaus pakenee tietämistä, eikä tietämällä paljon voi viisastua. Tietämisen halu ei johda siihen, mitä siltä luontevasti odottaisi, »tietämisen kokemusta». Epävarmuuden vastakohta ei ole tietäminen tai edes tieteellinen selittäminen, vaan asioiden hyväksyminen. Mikään perustelujen määrä ei voi tehdä tietämisestä varmaa, eikä päätteleminen voi johtaa kokemuksiin. Intuitiivisesta tiedosta elävät taiteilijoiden kaltaiset ihmiset, joiden »tietoa» vastaavat tuotteet, taideteokset, eivät synny päättelemällä. Kestävät kulttuuriset ilmiöt ovat lähes poikkeuksetta sivistystä vastaan kapinoivien henkilöiden työtä.

Ihminen ei hae informaatiota tietääkseen, vaan voittaakseen pelkonsa ja taistellakseen päätöksentekonsa epävarmuutta vastaan. Kysymykset lisäävät ihmisen epävarmuutta samalla, kun ne yrittävät lievittää sitä. Kielen mukana leviävät sekä selitykset että epävarmuuksien syyt. Jaettava tieto merkitsee ihmiselle enenevässä määrin kysymistä eli tietämättömyyttä. Mitä suuremmista teorioista on kyse, sitä suurempaa on myös tietämättömyys. Informaation avulla ihminen ei voi oppia tietämään, vaan ainoastaan hallitsemaan eteensä tulleita tilanteita ja vaikeuksia. Ihmiseltä toiselle välitettävä informaatio jäljittelee täysikasvuisten yksilöiden tapaa toimia kokemustensa varassa. Tietäminen on hyväksymisen matkimista.

Inhimillinen kuvitelma maailman ymmärtämisestä pelkästään järjen avulla on naiivi, epätoivoinen, ja tieteen arrogantista edelläkävijäasenteesta huolimatta oikeastaan mihinkään perustumaton. Kuvitelman mukaan saamme maailman ilmiöt alistettua hallintaamme käsitteellistämällä. Tämän takia ympäristöstä on tullut kiihtyvässä tahdissa yhä etäisempi ja epäsuoremmin koettu. Emme koe enää voivamme toimia keskiaikaisen ihmisen käsitemäärällä, koska meille opetetaan, että kelvollista elämää varten maailmaa on ymmärrettävä paljon aiempaa enemmän. Emme enää kohtaa vain ihmisiä, vaan yhä enemmän pelkkiä abstraktioita ja viestejä toisista ihmisistä. Søren Kierkegaardin mukaan järki on todellakin »paradoksaalinen intohimo». Paradoksaalinen siinä mielessä, että se etäännyttää ymmärryksestä. Ihmisen on vaikea käsittää, miten järki ja käsitteellistäminen voivat kaventaa näkökenttää, kun ne selvästikin luovat mahdollisuuden ulottaa käsityskyky kauas muiden olentojen saavuttamattomiin. Ihmisen luomat globaalit ongelmat ja informaation kontrolloimaton kasvu antavat kuitenkin osviittaa siitä, ettei asioiden lisääntyvä käsitteellistäminen merkitse niiden hallintaa.

1900-luvun alussa *Max Scheler* nimitti ihmisen luontaista mielenkiintoa »rakkaudeksi». Hänen mukaansa rakkaus herätti ihmisen älyllisyyden, loogisuuden ja toiminnan rakkauden kohteessa ilmenevien arvojen tutkimiseen ja tavoittelemiseen. Tämä on lähestulkoon sitä, mitä filosofi *Platon* kuvasi rakkaudeksi. Sen keskeinen tuntomerkki oli myös rationaalisuus. Luontevampaa olisi kuitenkin sanoa, että lapsen luontainen uteliaisuus vaihtuu nykyaikuisen patologiseksi rationalismiksi, jonka tarkoitus on sovittaa maailma omaan maailmankuvaan, joskus jopa väkisin. Rakkautta tällainen väkivaltainen lähestyminen ei voi olla. Vaikka järkeen vannova tiede pyrkii »totuuteen», itseään kuunteleva ajattelija kyllä aavistaa, ettei totuuteen ole tietä, on vain teitä siitä poispäin. Jos tiede olisi todella kriittistä, siihen kuuluisi myös järjen ja älyllisyyden kyseenalaistaminen. Lohdullista on ainoastaan se, että inhimillinen ongelmallisuus on pääosin itseaiheutettua ja mahdollisesti myös korjattavissa.

Psykologisessa mielessä järki on väline, jolla luonto estää varttuvaa ihmistä katsomasta todellisuutta sellaisenaan. Myöhemmin kun aikuistumisen aika on jo mennyt ohitse ja järki on hukannut luontaisen tehtävänsä, järjellä yritetään tehdä sellaista, jota sillä ei voi tehdä: selittää maailmaa.

Eino Kaila aavisteli varhaisissa teoksissaan kantilaisten ajattelijoiden tapaan, että jokin »kriitillinen tendenssi kontrolloi ajatustuloksiamme».[55] Tällä hän halusi ilmaista aivojemme tai tietoisuutemme täydentävän havaintojamme, ei kuitenkaan siksi, että ymmärtäisimme niiden biologisen tehtävän, vaan siksi, että kykenisimme tekemään järjestä vieläkin luotettavamman. Kantilaisten filosofien tapaan hän ei nähnyt tälle vaihtoehtoa. Hän oli oikeassa siinä, että me täydennämme luontevasti »puutteellisia» havaintojamme näkemällä loogisuutta ja järjellisyyttä siellä, missä sitä ei välttämättä ole, ymmärtämällä toisen ihmisen ajatuksen puolesta sanasta tai kuvittelemalla asioiden välille monenlaisia suhteita. Havaintojen »täydentäminen» voi kuitenkin olla aivan muuta kuin ihmisen kykyä nähdä paremmin kuin muut.

Unissa kohtaamme asioita, joita ei ole käsitelty rationaalisilla työkaluilla. Näemme asioita, joita mikään tendenssi ei ole kontrolloinut: emme pysty käsittämään emmekä selittämään niitä. Unet ovat kokemusmaailman sensuroimaton painos. Ne kertovat epäsuorasti siitä, kuinka paljon keskenkasvuinen ihminen tarvitsee järjen ja kontrollin apuvälineitä pysyäkseen henkisesti toimintakykyisenä. Unissa paikat ovat tuttuja mutta samalla epätodellisia. Paikkojen epätodellisuus kielii järjen

---

[55] (Kaila, Sielunelämä biologisena ilmiönä, 1920, s. 38)

luoman paikantajun puuttumisesta. Se, että oudot asiat eivät unissa liikuta meitä, kertoo siitä, ettei tahto toimi normaalisti nukkuessamme. Me hyväksymme unessa kohtaamamme maailman ja sopeudumme siihen, kenties painajaisia lukuun ottamatta.

Täysi-ikäisenä lakkaamme ymmärtämästä käsitteitä tavalla, joka teki niistä meille lapsena itsestään selviä. Vaikka varmuus merkitsee yleensä tietämistä, ei tietämisen tarvitse olla rationaalisen päättelyn tulosta. Se voi olla yhtä hyvin irrationaalinen tunne tai sisäinen kokemus. Myös »totuus» yleisessä merkityksessä viittaa johonkin ei-rationaaliseen. Näitä tuntemuksia voi saada omasta kehosta, vaistoista, vieteistä, aisteista, omista ajatuksista, muistista tai päätelmistä. Voimme ongelmitta tietää asioita, joita ei voi järkevästi esittää. Tietäminen ei ole osoitettavissa etenkään silloin, kun tieto ei ole käsitteellistä, mutta siitä huolimatta ihminen voi sanoa, että hän on varma asiasta. Lisäksi valmiiseen informaatioon perustumattoman tiedon, esimerkiksi omien tunteiden, tulkinta ja muotoilu voi erota huomattavasti tiedosta, joka on jo valmiiksi kielellistä ja rationaalista. Kokemukseen perustuva informaatio voi olla epäloogista ja näyttää perusteettomalta, mutta usein juuri se on tiedon aitouden tae. Sellainen tieto on yleensä äärimmäisen henkilökohtainen voimavara, joka ei ole ongelmitta jaettavissa toisten kanssa. Oikea tieto maistuu ja tuoksuu, sillä on alkuperä, luonne, väri, muoto ja paino. Se voi olla luonnontuote tai kasvatuksen tulosta, mutta milloinkaan se ei ole tusinatuote.

Oikea tieto on koettua ja kokeiltua, sen synnyttäminen on edellyttänyt työtä tai se on voinut syntyä silkasta onnekkaasta sattumasta. Rationaalisesti tuotettu totuus sen sijaan vaatii aina informatiivisuutta ja usein vielä väitelauseita. Tieteissä »tieto» on demokraattista ja jaettavissa olevaa ja perustuu päättelyn toteamisen mahdollisuuteen. Se on pelkkä validi päättelyketju, jonka lopputuloksessa on toinen (»tosi») kahdesta mahdollisesta totuusarvosta, ei sen kummempaa.

Rationaalisuus on kulttuurissamme jo niin syvään juurtunutta, että todellisen aikuisluonteemme piirteet ovat siitä katsoen vain hävettäviä. Hävettäviin asioihin kuuluu myös hämäräksi jäävän mentaalisen prosessin lopputuloksena syntyvä »musta tuntuu» -kokemus, *mutu*. Mutu on sivistyksen vihollinen siksi, että se on tunnollisuutta. Se elää nykyhetkessä ja sillä on tuntuma todellisuuteen. Mutu on röyhkeyttä olla hyväksymättä toisten tarjoamaa valmista todellisuutta. Rationaalisessa ja tehokkaaksi kuvitellussa nykymaailmassa tunnepohjaisia mutu-menetelmiä pidetään lapsellisina, vaikka ne kuuluvat täysikasvuiselle. Vain keskenkasvuinen turvaa ongelmatilanteissa järkeensä, aikuisen tulisi toimia vaistoilla. Myös Nietzsche näki tämän häpeän: »On olemassa teeskennelty kaikkien niiden asioiden halveksunta, joita ihmiset pitävät tärkeimpinä, teeskentely *kaikkien lähimpien asioiden* suhteen».[56] Sivilisaatiossa tiedoksi hyväksytään vain sellainen, johon voidaan selvästi

---

[56] (Kunnas, 1981, ss. 67–68)

viitata, joka on ulkopuolista ja auktorisoitua. Tieteiden aikakaudella tiedon lisääntymistä pidetään oikeana kehityksenä ja viisautta tietomäärän hallitsemisena. Monissa tieteissä kuitenkin keskitytään nykyisin pelkästään rationaalisuuden itsensä aiheuttamien ongelmien selvittämiseen. Tiede keskustelee itsensä kanssa ongelmistaan omalla tavallaan ja kielellään. Mitään yhteyksiä järjen ulkopuolelle ei ole.

Totuus on kenties harhaanjohtavin ihmisen luomista käsitteellisistä kuvitelmista. Sivilisaatiossa totuuden käsite vahvistaa uskoa järjen ja käsitteellisen maailman välttämättömyyteen. Tämä on lähtökohta niin tieteiden kuin kirjauskontojenkin kohdalla. Kun totuudesta tulee järjellistä, tulee totuutta julistavasta hengellisyydestä oppikirjamaista. Tämä edellyttää ihmisen alistumista ikuiseksi oppilaaksi ja kumartumista mykkien piirtomerkkien edessä. Tämä johtaa siihen, että on mahdollista jakaa ihmiset oikea- ja vääräuskoisiin ja unohtaa, että jokainen tulee uskollaan autuaaksi. Yritykset puuttua toisten hengelliseen elämään, esimerkiksi käännyttämällä, ovat paitsi turhia myös absurdeja, koska uskomisen perustelut mitätöivät uskon välttämättömän irrationaalisuuden. Käsitteet voivat olla työkaluja yhteisyytemme säilyttämiseksi mutta eivät sitä, mitä me henkilökohtaisesti tarvitsemme.

Sivistynyt ajattelija jakaa maailman kosmokseen ja kaaokseen. Kosmos on kehittyneempää, koska se on järjellä hahmotettua. Kosmosta rakentava tieto merkitsee järjestystä, joka vastustaa luonnossa vallitsevaa kaaosta. Syihin ja seurauksiin kiteytyvää tietoa on mahdollista käsitellä, ja siksi järkeen luottava ihminen luottaa myös niihin. Hän uskoo, että järki johdattaa turvallisesti kaikkien karikoitten ohitse kotisatamaan. Järki on universumin ääni, jota tulee kuunnella ja seurata. Kun maailmassa on järjestystä, ovat asiat kohdallaan. Kaaos on mitä tahansa, mitä järki ei hahmota, jossa järjen menetelmät eivät toimi ja joka sen vuoksi näyttäytyy järjellisyyttä vastustavana. Kaaos on maailmankuvallinen uhkatekijä, tulipa se sitten omasta mielestä tai ulkoavaruudesta. Tällä on kuitenkin se seuraus, että ihminen, joka uskoo vain järjelliseen, mieltää irrationaalit ilmiöt olemattomiksi. Mitä ei voi järkeillä, sitä ei ole olemassa. Tämä on patologisen rationalismin maailmankuva.

Järjellisyyden vahvasta läsnäolosta huolimatta ihminen ajattelee usein irrationaalisesti. Ihmiset eivät aina myöskään toimi niin kuin kuvittelevat tai haluaisivat, vaan löytävät usein itsensä päättämässä asioista jonkin muun kuin järkensä perusteella. Monissa valintatilanteissa ihmiset väittävät käyttävänsä järkeään mutta turvautuvat lopulta intuitioon tai arpapeliin. Haluaisimme, että jokin osoittaisi meille, miten tulisi valita. Vaistojen, tahdon, tunteiden ja alitajunnan osuutta päätöksenteossa ei voi vähätellä. Vaistoamme, ettei järjellä ole luovuutta, ja että puhtaasti järjellisesti valittaessa paras vaihtoehto on lopulta aina *triviaali*. Siksi luomme »järjellisiin» valintoihimme ennakoimatonta särmää, jotta saamme ne tuntumaan tyydyttäviltä. Valinta voi liittyä johonkin vähemmän tärkeään asiaan, kuten vaikkapa väriin, määrään tai muotoon. Me haluamme yllättyä omista valinnoistamme, myös vähäpätöisistä.

Ihmisellä on monia valmiita rationaalisen ja yhteisöllisen toiminnan malleja, eikä hänen tarvitse niitä keksiä: etiikka, tavat, säännöt, moraali, asenteet, ennakkoluulot, uskomukset ja lait. Myös kieli ohjaa ihmistä hänen puhuessaan. Sanotaan, ettei ihminen voi olla rationaalinen tehdessään valintoja, vaan vasta sitten, kun hän selittää niitä. Ironiasta huolimatta väitteessä on perää. Ihminen toimii mielellään sellaisten valmiiden käytäntöjen perusteella, joita hänen ei tarvitse pohtia tekohetkellä mutta jotka hän voi perustella jälkikäteen. Valmiiksi perusteltuihin toimenpidemalleihin on helppo tukeutua. Rationaalinen toiminta merkitsee yleensä harkintaa, joka on ajateltua ja kielellisesti hahmotettua vaihtoehtojen vertailua. Aina sen ei kuitenkaan tarvitse olla itse luotua.

Merkittävin rationaalisuutemme on piilossa maailmankuvassa ja käsitemaailmassa eikä näkyvillä käytännön loogisuutena. Rationaalisuudella on kulttuurimme synnystä alkaen ollut vahvasti moraalinen ulottuvuus. Se on näkynyt ihmisten ajattelussa ja toiminnassa retorisina huomautuksina kuten »ole nyt järkevä» tai »ainoa järkevä tapa on...».[57] Arkiset valinnat, joita ei

---

[57] On huomautettu, ettei tällainen näkemys vastaa varhaisten filosofien käsitystä teoreettisesta rationaalisuudesta, mutta siitä siinä juuri on kyse.

voida perustella järjellisesti, herättävät vaivaantumista ja häpeää. Sivistyneen ihmisen *tulee olla* rationaalinen.

Rationaalisuus määritellään yleensä jonkin asian saavuttamiseen liittyväksi laskelmoinniksi, tehokkuudeksi ja optimoinniksi. Se voidaan määritellä myös ainoaksi tiedon, arvojen ja toiminnan lähteeksi, jolloin siitä tulee *rationalismia*. Rationalismissa järkeä pidetään ihmisen ainutlaatuisena kykynä. Rationalismi on järjen narsismia. Platonista ja Aristoteleesta alkanut järjen ylistämisen perinne pitää rationaalisuutta ihmisen olemuksellisena (lat. *essentia*) ominaisuutena. Ihminen on sitä ihmismäisempi mitä rationaalisempi hän on. Tässä triviaalissa toteamuksessa on myös moraalinen sanoma: ihmisen tulisi olla rationaalinen.[58] Aristoteelinen »essentiallisuus» määrittelee ihmisen sitä paremmaksi mitä keskenkasvuisempi hän on. Tämä ei jää ainoaksi ongelmaksi. Rationaalisuuden korostaminen johtaa lahjakkuuksien väheksymiseen.[59]

Tiede ei ole arvoista vapaata eikä se ole objektiivistakaan. Järki ja tuomitseminen toimivat samalla mekanismilla ja niiden tarkoitus on tuottaa samanlaista tyydytystä. Tiede etsii lakeja, siinä missä juridiikka ja etiikkakin. Ne koettavat hallita, säätää ja ohjata asioiden kulkua ja estää epätoivottavien ilmiöiden

---

[58] Tässä on tosiasiasta johdettu moraalinen sääntö, mikä on filosofi G. E. *Mooren* mukaan »naturalistinen virhepäätelmä».

[59] Tätä kuvaa ironisesti se, että poliittinen naisliike syntyi juuri järkeä korostavan valistuksen vaikutuksesta.

esiintymistä. Tieteessä tämä on koetettu nähdä positiivisena asiana, esimerkiksi tiedemiesten yrityksissä kontrolloida ympäristön tuhoutumista. Ranskalainen filosofi *Michel Serres* on todennut: »Tiede yhdistää tosiasian ja oikeuden, ja tämä antaa sille nykyään ratkaisevan merkityksen. Huomatessaan kykenevänsä kontrolloimaan tai vahingoittamaan maailmankaikkeuden maailmaa tiedemiesryhmät valmistautuvat ohjaamaan maailmallista maailmaa.»[60] Biologi *Edward O. Wilson* on väittänyt, ettei naturalistisena virhepäätelmänä pidetty arvojen johtaminen luonnosta olekaan mikään virhepäätelmä. Tätä filosofien itsensä vieroksumaa ajatusta hän selitti näin: »Sanan *on* kääntäminen sanaksi *tulee* on järkevää, kun pitäydymme eettisten lähtökohtien objektiivisessa merkityksessä. - - - Luonnontieteiden konsilientista perspektiivistä ne [arvot] ovat vain yhteiskuntasopimuksen periaatteita, jotka ovat kovettuneet säännöiksi ja määräyksiksi, käyttäytymiskoodiksi, jota yhteiskunnan jäsenet kiihkeästi toivovat muiden noudattavan ja jonka he suostuvat hyväksymään yhteiseksi hyväksi».[61] Tällä Wilson tunnusti avoimesti tutkimuksen arvosidonnaisuuden ja piti sitä jopa suotavana.

Onkin sanottu, että järjen suhde tuomitsemiseen on niin väistämätön, ettei edes jumala voi siltä välttyä. Esimerkiksi

---

[60] Michel Serres, Luontosopimus, 1994, s.45.

[61] Konsilienssi tarkoittaa tieteellisten teorioiden vähittäistä yhdistymistä tai punoutumista yhteen. Engl. *consilience*. (Wilson, 2001, s. 280)

suomen kielessä *laki* merkitsee sekä ohjetta että ylintä kohtaa, ranskan kielessä *raison* merkitsee järkeä, syytä ja oikeutta. Järkeisuskovaisuus on yrittänyt jo vuosisatojen ajan osoittaa järjen tärkeyden sitomalla sen milloin jumalaan, omaantuntoon tai moraaliin. Länsimaissa järki ja moraali kasvoivat yhdessä filosofian ja uskonnon läheisten suhteiden takia. Luonnonlain käsitteen 1200-luvulla luonut *Roger Bacon* oli fransiskaanimunkki ja häntä hieman vanhempi englantilaisen tieteellisen ajattelun pioneeri, *Robert Grosseteste* oli teologi. Käytännössä lähes kaikki tunnetuimmat keskiajan filosofit olivat munkkeja, teologeja tai muita kirkonmiehiä: *Johannes Scotus Eriugena, Pierre Abélard, Giles Roomalainen, Albertus Magnus, Aleksanteri Halesilainen, Anselm Canterburylainen, Aurelius Augustinus, Bonaventura, Thomas Cajetanus, Johannes Duns Scotus, Mestari Eckhart, Pietari Lombardialainen, Tuomas Akvinolainen* ja *Wilhelm Ockhamilainen*. Tämä johtui lähtökohtaisesti siitä, että tieteellisyyttä vaalinut antiikin perintö säilyi keskiaikana luostareissa ja välittyi luostareiden kouluissa annetussa opetuksessa. Keskiajalla yliopistot olivat kirkollisia instituutioita. Niissä opetettu skolastiikka oli Aristoteleen teosten ja Raamatun yhteensovittamiseen pyrkivä filosofinen koulukunta, jonka tavoitteissa ja keinoissa heijastui tieteelliselle ajattelulle ominainen rationalismi ja tiedon hallintaan pyrkivä systematisointi.

Filosofia kiinnittyi uskonnollisuuteen myös Platonin kautta. Uusplatonilaisuus sisälsi mystiikkaa jo vanhalla ajalla ja renessanssin aikana se muuttui selvemmin uskonnolliseksi. *Cosimo de'*

Medicin perustaman akatemian johtajana toiminut *Marsilio Ficino* julkaisi filosofiansa pääteoksessaan Platonin jumaluusoppi sielun kuolemattomuudesta. Siinä hän esitti, että koska filosofian tehtävänä on totuuden ja viisauden tutkiminen, ja koska jumala on totuus ja viisaus, on filosofia siis uskontoa. Platonia juhlittiin uusplatonilaisuudessa jumalallisen ilmoituksen välittäjänä syntymä- ja kuolinpäivänään.

Kabbalassa, eli juutalais-kristillisessä salaopissa, maailma haluttiin ymmärtää jumalan luomana lukujen ja geometrian järjestelmänä. Keskiajalla kabbalistiikkaa pidettiin tieteenä, mutta myöhemmin kirkko kielsi sen vaarallisena salatieteenä. Kabbala oli tarkoitettu niille, joille vanhatestamentillinen tai raamatullinen totuus ei riittänyt. Samalla asialla oli alkemia, joka pyrki jalostamaan sekä ainetta että ihmistä. Sitä harjoitti antaumuksellisesti harras kristitty ja yksi aikansa huomattavimmista tiedemiehistä ja matemaatikoista, sir *Isaac Newton*. Newton tunsi olevansa jumalan lähettiläs, jonka tehtävänä oli ratkaista jumalan arvoitukset numeroin ja kokeita tekemällä. Newtonin alkemian harrastus ei himmentänyt edes hänen Philosophiae naturalis principia mathematica -teoksensa (1686) mainetta. Teos on edelleen merkittävimpiä tieteellisiä julkaisuja ja nykytieteen näkökulmasta enemmän oikeaa tiedettä kuin alkemia.

Kuollessaan Newtonin kirjastossa oli toistasataa alkemiaa käsittelevää teosta. Newtonin omat alkemistiset kirjoitukset piilotettiin vuosisadoiksi, eikä niiden katsottu olevan sopivia sen enempää hänelle kuin hänen korkealle viralleen arvostetussa Royal Societyssa. Taloustieteilijä John Maynard Keynes valotti tätä puolta Newtonista vuonna 1942 esitelmässä, joka pohjautui hänen hankkimiinsa Newtonin jälkeenjääneisiin alkemiaa käsitteleviin papereihin: »Hän [Newton] piti maailmankaikkeutta ja kaikkea, mitä siinä oli, arvoituksena ja salaisuutena, joka voitiin ratkaista soveltamalla puhdasta ajattelua määrättyihin vihjeisiin, jotka jumala oli kätkenyt eri puolille maailmaa salliakseen eräänlaatuisen filosofisen aarteen metsästyksen valikoidulle veljeskunnalle. Hän uskoi, että nämä vihjeet olivat löydettävissä osittain taivaan ilmiöissä ja alkuaineiden rakenteessa, osittain myös määrätyissä kirjoituksissa ja traditioissa, jotka oli annettu salatussa muodossa babylonialaisille veljille».[62] Jotkut myöhemmät ajattelijat ovat pitäneet valistuksen tiedonihannetta ja siitä rakentuvaa nykytieteen ideaalia eräänlaisena lukumystiikkana.[63]

Luonnontutkimuksen lähtökohta oli alun alkaen jumalan tarkoitusten ymmärtäminen luonnossa.[64] Vaikka luonnontietei-

---

[62] (Pekonen, 1999).

[63] Esim. Max Horkheimer (1895–1973) ja Theodor Adorno (1903–69).

[64] Historioitsija *Lynn Whiten* teoksessa The Historical Roots of Our Ecologic Crisis (Science 155: 1203–1207) esittämän ajatuksen mukaan länsimainen muoto kristinuskosta on uskonnoista ihmiskeskeisin.

lijän tehtävään ei välttämättä kuulu ihmisarvon korostaminen, usein hän tekee niin. Järjen korostaminen on ihmiskeskeistä ja luonnontieteiden kuva tiedosta on hyvin rationaalinen. Ihmisen ylemmyyttä kuvaavat tyypilliset sanonnat »hominideilla oli kyky», »edellyttää kehittynyttä muistia ja kykyä», »kyky muistaa ja ennakoida tapahtumia» ja »vasta nykyihmisen kykyihin kuuluu». Inhimillisyys sisältää ajatuksen, että meidät on todella tarkoitettu muita paremmiksi. Friedrich Nietzsche parodioi inhimillisyyttä: »*Ihminen!* Mitä on itserakkaimman ihmisen itserakkaus verrattuna vaatimattomimman itserakkauteen suhteessa siihen, että hän tuntee itsensä luonnossa ja maailmassa ihmiseksi».[65]

Humanistisilla tieteillä on äänekkäästä kriittisyydestään ja objektiivisuuden ihannoinnistaan huolimatta tavoitteena osoittaa ihmisen erityislaatu. Vähintäänkin ne pitävät huolen siitä, ettei ihmisen ainutlaatuisuutta kyseenalaisteta. Järki on humanismin maailmankuvan peruspilari siitä huolimatta, että konkreettiset ja käytännölliset tulokset tutkimuksesta ovat vähäisiä. Järkeisuskoa pitävät edelleen yllä elämää helpottavat tekniset ja lääketieteelliset sovellukset, sekä – uskomatonta kyllä – kaikenlainen sotien edistämä teknologia. Inhimillistä omanarvontuntoa heilutelleet kopernikaaniset ja darwinilaiset

---

[65] Inhimillistä, liian inhimillistä. Teoksessa Tarmo Kunnas. Nietzsche – Zarathustran varjo. Sitaatin käännös Tarmo Kunnas. 1981. Otava. Hki.

uudistukset eivät kaikesta huolimatta ole kyenneet suistamaan inhimillisyyttä raiteiltaan. Vallankumouksellisia ajatuksia on niiden esittämisen jälkeen istutettu vaihtelevalla menestyksellä tieteeseen, ja työ jatkuu yhä. Tieteen kyvyttömyyteen vastata tuloksellisesti todellisuuteen kehitettiin 1900-luvun alkuvuosikymmeninä tieteelliseksi positivismiksi kutsuttu filosofinen liike, joka määritteli kelvollisten teorioiden kieliopin.

Tiede on puolustajilleen problematiikkaa, kysymysavaruuden hahmottamista, jossa tietämättömyyden hallinta tarkoittaa tietämistä. Järjen ylistäminen tiedon lähteenä on varsin onnistunut silmänkääntötemppu. Tiede ei »selitä» rationaalisesti asioita, vaan tekee niistä ainoastaan yhteisesti jaetun ongelman. Sillä pidetään yksi yhteiskuntaluokka työllistettynä. Giorgio Colli ironisoi, että »uudenaikainen filosofi muistuttaa shakinpelaajaa, joka pelaa yksinpeliä liikuttaen vastustajansa nappuloita oman pelinsä edistymisen kannalta hyödyllisellä tavalla (tämä ei saa kuitenkaan olla läpinäkyvää).»[66] Tieteellisen tutkimuksen piirissä on jopa esitetty ajatuksia, että luovuutta pitäisi suosia enemmän, mutta samalla on varoitettu opiskelijoita tiedemaailman kielteisestä suhtautumisesta luovuuteen.[67] Luovuutta on ollut vaikea löytää filosofian historiastakaan, ehkä siksi filosofiaa on luonnontieteissä pilkattu tehottomaksi tieteeksi. Filosofian sanotaan tuottaneen »paljon puhetta tyhjäs-

---

[66] (Colli, Nietzschen jälkeen : miten tullaan filosofiksi, 2008, s. 89)

[67] (Aurela, 2000, s. 32)

tä».⁶⁸ Ehkä ei ihan turhaan väitetä, että länsimaisen filosofian historia olisi vain sarja alaviitteitä Platonin tuotantoon.⁶⁹

Filosofia opettaa toki kyseenalaistamaan mutta vain sellaisia asioita, jotka eivät kohdistu järjen ihannointiin eivätkä filosofiaan itseensä. Filosofian kriittinen tarkastelu on vähentynyt vuosi vuodelta. Henri Bergsonin tieteenkritiikkiin tukeutunut, nuori ja kapinallinen, Tatu Vaaskivi kirjoitti vielä 1930-luvun lopulla, että puhdas rationaalinen tieteen tekeminen johtaa yksityiskohtien liialliseen korostamiseen ja ajattelun välineiden muuttumiseen ajattelun arvoiksi: »On päädytty tuohon kehitysasteeseen, jossa käsitteet alkavat irtautua alkuperäisistä merkityksistään ja saada mitä ilmeisimmän itsetarkoituksen, tilaan, jossa tiede muuttuu omien lakiensa unettomaksi, harmaaksi, lyijynraskaaksi pohdiskeluksi ja jossa filosofian ainoana päämääränä on määritellä filosofian ainoa päämäärä!».⁷⁰ Filosofian alulle laittamalle selittämiselle on tyypillistä, että jokaista selitettyä asiaa kohti syntyy vielä useampia, uusia selittämättömiä asioita. Tieteellisessä selittämisessä tämä on sääntö. Selittämisen myötä ihminen katsoo yhä enemmän pelkästään itseensä, maailma sulkeutuu ja jää selitysten myötä

---

[68] (Aurela, 2000, s. 34)

[69] Alfred Whitehead teoksessa *Process and Reality. An Essay on Cosmology*. (Cambridge, 1929, s. 63)

[70] (Vaaskivi, Huomispäivän varjo, 1938, s. 296)

ihmisen ulkopuolelle. Tämä on luonut sivistyksestäkin sisäänpäin katsovan ja monille ahdistavan.

LUOVUUDEN VÄLIMAAILMA

Kulttuuria alettiin ymmärtää uudella tavalla, kun antropologia, sosiologia ja psykologia kehittyivät 1800-luvulla Darwinin evoluutioteorian vaikutuksesta.[71] Darwin selitti ihmisen kulttuurista kehitystä »The Descent of Man» -teoksensa lyhyessä viidennessä luvussa, jossa

---

[71] Sosiologi *Herbert Spencer* (1820–1903) sovelsi Darwinin ajatuksia yhteiskunnalliseen kehitykseen ja selitti, että kulttuurin taustalla oli ihmisen kyky ja halu luonnon hallintaan. Kulttuurien ajateltiin kehittyvän samojen ehtojen alaisina kuin eliöidenkin – muuntelun, periytymisen ja valinnan. Kulttuurin kehittymiseen katsottiin kuuluvan olennaisesti informaation varastointia, keräämistä, sosiaalisuutta ja kieltä. Ensimmäinen antropologinen kulttuuriteoria oli kulttuurin kehitysteoria eli evolutionismi. Siinä yksinkertaiset kulttuurinmuodot korvautuivat vähä vähältä monimutkaisemmilla,

hän heti aluksi pahoitteli joutuneensa käsittelemään aihetta epätäydellisesti. Teoksessa hän liitti kulttuurien keskinäisen paremmuuden evoluutioon, mutta ei osannut selittää sen luonnetta.[72] Darwin käsitteli tässä yhteydessä vain sosiaalisuutta ja sen asteittaista kehittymistä. Hän oletti, että ihmisen sosiaaliset taidot kehittyivät luonnollisen valinnan kautta, mutta ei kyennyt näkemään, että valinta ei ollutkaan luonnon, vaan ihmisen tekemä.[73] Darwin tajusi, että hänellä oli vaikeuksia selittää ihmisen menestymistä sosiaalisten taitojen kehittymisellä. Tämä saattoi johtua siitä, ettei hän nähnyt ihmisen kulttuurista kehittymistä muuna kuin heimojen ja kansojen välisenä kilpailuna,

---

barbaariset sivistyneillä, uskomukset tiedolla ja uskonnot tieteillä. Se piti kehitystä mekaanisena ja yksiselitteisesti kaikkia ihmisiä koskevana. Kehityksen päämäärä oli moderni teollistunut yhteiskunta. Teorian tavoitteena oli tukea ihmisen oikeutta luonnon hallintaan ja hyväksikäyttöön. Evolutionismista johdetussa sosiaalidarwinismissa epäoikeudenmukaisuus, köyhyys ja siirtomaajärjestelmä määriteltiin luonnolliseksi kehitykseksi. Kehittyneemmät ihmiset hallitsivat kehittymättömämpiä ihmisiä. Evolutionismi vaikutti myös siihen, että moderni yhteiskunta ymmärrettiin primitiivisen yhteiskunnan vastakohdaksi ja että irrationaalisuutta voitiin pitää kehittymättömyytenä.

[72] »It is very difficult to say why one civilised nation rises, becomes more powerful, and spreads more widely, than another; or why the same nation progresses more quickly at one time than at another.» (Darwin, The Descent of Man, 2003)

[73] »Such social qualities - - were no doubt acquired by the progenitors of man in a similar manner, namely, through natural selection, aided by inherited habit.» (Darwin, The Descent of Man, 2003).

jossa moraaliset vaistot, uskollisuus, sympatia ja rohkeus kehittyivät ja jalostuivat. Hän ei kyennyt näkemään, että kulttuuri oli luontoyhteyden rikkoutumisen merkki. Darwinin ongelmilla on syynsä, jotka olivat hänen erikoisalansa ulkopuolella. Biologian sijaan hän olisi tarvinnut ennemminkin psykologiaa, sosiologiaa tai antropologiaa. Darwin yhä uskoi, että antiikin kreikkalaiset olivat älykkäämpiä kuin mikään muu kansa heitä ennen tai heidän jälkeensä.[74] Meille periytynyt roomalaisten käsitys kulttuurista perustuu vahvasti kreikkalaisten luomalle rationaalisen sivistämisen ihanteelle, *paideialle*, joka tarkoitti ihmisen kasvatusta olemuksensa mukaiseksi olennoksi. Roomalaiselle *Cicerolle* kulttuuri (*animi cultura*) oli hengen viljelyä ja vaali sitä, mikä ihmisessä oli erityistä.

Darwinin ongelmat nousivat osittain näistä virheellisistä kuvitelmista. Loppujen lopuksi evoluutio ei sittenkään antanut Darwinille tyydyttävää vastausta sivilisaatioiden syntymiseen.[75] Eräs syy oli se, ettei hän nähnyt ihmisen kulttuurista erikoisluonnetta evolutiivisen kehityksen poikkeustapauksena, vaan uskoi nykyihmisyhteisöjen luonnollisuuteen. Hän ajatteli myös luovien ja kulttuurisesti aktiivisten ihmisten vaikuttavan edullisesti yhteisöjensä evolutiiviseen kehitykseen. Tällaisiin

---

[74] »- -old Greeks - - stood some grades higher in intellect than any race that has ever existed - -» (Darwin, The Descent of Man, 2003).

[75] »The problem, however, of the first advance of savages towards civilisation is at present much too difficult to be solved.» (Darwin, The Descent of Man, 2003).

näkemyksiin saatettiin päätyä vielä 1800-luvulla ja etenkin juuri Englannin työläiskaupungeissa, joissa ihmisten kohtalot olivat paljolti kiinni heidän yhteiskunnallisesta asemastaan.

»The Descent of Man» -teoksen keskeisenä teemana oli seksuaalivalinta. Sen mukaan ihmisen evoluutioon vaikuttaa luonnonvalinnan lisäksi myös lisääntymismenestys. Darwin oletti seksuaalivalinnan vaikuttaneen myös kielen, älykkyyden, tunteiden ja taiteiden syntymiseen. Ihmisen älykkyys ja tietoisuus olivat Darwinille loppuun saakka evolutiivisia ominaisuuksia. Tavallaanhan ne olivatkin mutta vain nykyihmisen syntymän aiheuttaneeseen kriisiin saakka. Sen jälkeen ne tekivät lopun koko lajin evoluutiosta. Seksuaalisella valinnalla on ollut vain jo olevia ominaisuuksia voimistava vaikutus. Jos muilla eläimillä olisi nykyihmisen varttumisen mekanismi, myös ne saattaisivat muuttua sopivissa oloissa kaltaisiksemme tietoisiksi olennoiksi. Darwin käytti löytöjään – tosin maltillisesti – selittämään pääasiassa sivistynyttä ihmistä. Tietoisuuden tehtävän ymmärtäminen olisi saattanut auttaa häntä paremmin arvioimaan myös varhaisia kulttuureja ja niiden ansioita.

Monet teoriat selittävätkin yksinomaan sivistyskulttuurin kehittymistä pysähtymättä pohtimaan kulttuurin syntymistä.[76]

---

[76] Marxin ja Engelsin innoittamat materialistit näkivät kulttuurien kehittyvän heimoyhdyskunnista feodalismin ja kapitalismin kautta kommunismiin. Diffusionismi selitti kulttuuri-ilmiöitä satunnaisella leviämisellä, lainaamisella ja omaksumisella. Partikularismi korosti kulttuurien ainutkertaisuutta eikä ollut valmis hyväksymään niiden

Kulttuuritieteet ymmärretään tieteinä, joiden tehtävänä on saada tietoa niistä ihmisyyteen liittyvistä seikoista, jotka ovat joko

---

universaaleja piirteitä merkittäviksi. Funktionalismissa kulttuurin erilliset piirteet palvelivat kokonaisuutta ja niitä oli siksi tutkittava kenttätutkimuksilla; funktionalismi ei kyennyt selittämään kulttuurin muutoksia eikä sosiaalisia konflikteja. Strukturalismissa kommunikaatio oli elämän perusta ja kieli mahdollisti kulttuurin. Strukturalistit kohdistivat kielen tutkimuksen sen symbolijärjestelmään (*langue*) ja esittivät näkemyksiä myös kulttuurin syntymästä. Claude Lévi-Straussin (s. 1908) mukaan inhimillinen kulttuuri syntyi insesti-kiellosta eli siitä, että seksuaalisten tarpeiden sallitut kohteet erotettiin ei-sallituista kohteista. Luonnollisen seksuaalisuuden normittaminen oli hänelle yhteisöjen kehittymisen edellytys. Lévi-Strauss näki kulttuuri-ilmiöt vastakohtaparien kautta, joista keskeisin on luonto–kulttuuri. Hänen mukaansa ihminen itse ei ymmärtänyt tätä eroa. Näkemys, että ihmisenä oleminen merkitsee erottelukykyä, vaikuttaa silti oikeammalta kuin se, että ihminen kykeni käyttämään vastakohtaisia käsitepareja (oma /toisen, kaukana/lähellä, suuri/pieni) vasta kun hän oppi muodostamaan yleiskäsitteitä (ihminen, kasvi, pilvi, merkki jne.) (Lehtovaara, 1986 s. 251). Edward O. Wilsonin edustama sosiobiologinen antropologia selittää kulttuurit biologisista lähtökohdista. Sen kannattajat uskovat, että universaalit kielelliset kyvyt ovat peräisin geeneistä mutta niiden eri kulttuuriset variaatiot eivät. Kulttuureja on selitetty myös ns. kulttuurievoluutiolla. Sen mukaan kulttuuri kehittyy enemmän tai vähemmän samalla tavalla kuin luontokin sopeutumien, perimän ja muuntelun kautta. Se on nähty mahdollisuutena selittää kulttuurituotteiden leviäminen ja muutos huomiosta kilpailevassa ihmismielessä. Kulttuurievoluutiota pidetään samalla biologista kehitystä nopeampana. On vaikea kuvitella, että kulttuurit olisivat – kuten esimerkiksi *Konrad Lorenz* uskoi – mitenkään selitettävissä evoluutiivisen kehityksen tuloksena. Evoluutiivisuus tuntuu pikemminkin päälle liimatulta selitykseltä.

opittuja tai hankittuja, eli ihmiseltä toiselle siirtyneitä.[77] Tämä tarkoittaa tutkimusta ainoastaan kulttuurin rationaalisista ja tahdonalaisista osista ja jättää ulkopuolelle kaiken sen, mikä ei mahdu keskenkasvuisen inhimillisyyden sisään. Kulttuuri ei kuitenkaan voi olla vain toisilta opittu ja jaettu järjestelmä, täytyyhän sitä jostakin myös syntyä. Voi helposti osoittaa, että kaikki aikaa kestävä kulttuuri luodaan luonnon ja inhimillisen toiminnan välisellä alueella. Kulttuuri on rationaalisen ja irrationaalisen kokemusmaailman yhdistelmä. Se syntyy ikivanhan luontosuhteen tunnistamisesta itsessä ja näkyy kertomistavoissa. Kulttuurien rakentuminen on hidasta viisauden kerryttämistä yhteisön käytäntöihin, normeihin ja tapoihin. Aikuisuuskokemus tuottaa sen sisällöt, inhimillisyys kertomismekanismit.[78] Kulttuuri viittaa kauas paratiisiin ja sen tuomitsemisesta, arvoista, individualismista ja häpeästä vapaaseen maailmaan. Samalla se viittaa lapselle outoon aikuisten maailmaan. Rationaalisuuteensa ihastuneet tieteet voivat selittää kulttuureja mielin määrin mutta ne eivät voi auttaa ymmärtämään niitä. Ymmärtämiseen tarvitaan kokemuksia, joita tieteet pitävät järkeilyä vähäarvoisempana.

---

[77] Esim. norjalainen antropologi *Thomas Hylland Eriksen*.

[78] Päinvastoin kuin esimeriksi Clive Bromhall kirjoittaa The eternal child -teoksessaan kirjoittaa, eivät kulttuuriset ilmiöt ole peräisin ihmisen päättymättömästä lapsuudesta, vaan nimenomaan yrityksestä erkaantua siitä.

Kulttuureissa ei ole mitään niin alhaista, ettei mukana olisi jotain pyhänkaltaista eikä mitään niin ylhäistä, ettei se sisältäisi jotain eläimellistä. Tämä »ristiriita» pitää ne elossa. Nietzsche nimitti tätä hurmion ja sen häviämisen yhdistelmää »traagiseksi ajatteluksi»:

»Dionyysisten tilojen hurmio [täysikasvuisuus] tuhoaa olemisen tavalliset rajoitukset ja rajat. Kestonsa aikana se sisältää *kuolettavan* elementin, johon kaikki aiemmin eletty hukkuu. Niinpä tämä unohduksen kuilu erottaa toisistaan jokapäiväisen ja dionyysisen todellisuuden maailman. Kun tuo jokapäiväinen todellisuus astuu uudelleen tietoisuuteen [aikuistumisen epäonnistumisen takia], niin se tunnetaan sellaiseksi *inhoten*; askeettinen, tahdonkieltävä mieliala on tuon tunteen satoa. Korkeampana järjestyksenä dionyysinen asetetaan ajattelussa suhteessa tavalliseen ja huonoon».[79]

Kun Nietzschen kuvaama ihminen joutuu palaamaan tahdottoman aikuisuuskokemuksen jälkeen tahdolliseen ja järjelliseen elämään, luo se hänelle halun kieltää koko voimiinsa palautettu lapsenmielisyys.[80] Nietzschelle luominen merkitsi apollonisen ja dionyysisen yhdistämistä kirjoittamalla ja filosofoimalla amoraalisesta elämästä. Luomisessa dionyysisen ir-

---

[79] (Nietzsche, 1994). Hakasulkeiden lisäykset tekijän.

[80] Nietzsche ei itse käytä termiä tahto samassa merkityksessä kuin sitä on käytetty säännöllisesti tässä teoksessa. Nietzschen tahtokäsitteen ongelmallisuudesta ja nurinkurisuudesta on kirjoittanut Giorgio Colli teoksessa »Nietzschen jälkeen» (2008).

rationaalisuus muuttui kulttuuriksi apollonisen moraalis-esteettis-yhteisöllisellä avustuksella.

Luomisen tuloksia ei voi rationaalisesti ennakoida eikä välttämättä perustellakaan. Luova ihminen oppii, että hänen kokemuksensa ei ole siirrettävissä jäännöksettömästi tai edes kelvollisesti muille. Vika ei ole yritteliäisyydessä vaan siinä, että aikuisuudesta puuttuvat tahdon ja järjen kerrokset ja samalla kertomisen rajapinnat. Siksi järjettömyys saattoi olla vakavasti otettava »moraalinen» arvo vanhemmissa kulttuureissa mutta hyljeksitty korkeakulttuureissa.

Nietzsche kuvasi luontoa ymmärtävän ihmisen kertomishalua: »Tällä tiedon tasolla on vain kaksi tietä, pyhän ja traagisen taiteilijan tiet. Niille on yhteistä se, että ne voivat jatkaa elämää ilman säröä maailman tarkastelussaan, vaikka tietävätkin mitä terävimmin olemassaolon turhuuden. Elämän jatkamisen inho tajutaan luomisen välineeksi, olipa luominen pyhittävää tai taiteellista».[81] Nietzschelle kreikkalainen murhenäytelmä ei ollut vain hyvää taidetta, se oli kulttuurisen aikaansaamisen malliesimerkki. Kulttuuri on perustaltaan juuri tämän ristiriidan synnyttämä ja sitä voi olla vain nykyihmisellä. Sitä ei syntyisi, jollei ihminen tietäisi mitä merkitsee menettää hetkeksi elämänsä rationaalinen perusta, ja jollei hänellä olisi yhteisöä, jolle kertoa ja välineitä, joilla kuvata sitä.

---

[81] (Nietzsche, Traagisen ajattelun synty, 1994)

Tragedian »välimaailma» merkitsi Nietzschelle mahdollisuutta purkaa elämän syvimpien kokemusten synnyttämä paradoksaalisuuden tunne.

»Ylevä ja naurettava [so. dionyysinen taide, tragedia] ovat askel yli kauniin lumeen maailman [apolloninen, eeppinen taide], sillä kummassakin tuntemuksessa on sisällä ristiriitaisuuden tunne. Toisaalta ne eivät mitenkään vastaa totuutta: ne ovat *totuuden ympärille kietoutunut verho*, joka tosin on läpikuultavampi kuin *kauneuden* punoma verkko mutta vielä peittävä huntu. Siinä meillä on totuuden ja kauneuden *välimaailma*, jossa Dionysoksen ja Apollonin yhdistyminen on mahdollista».[82]

Välimaailma teki luomisen ja koko kulttuurin mahdolliseksi. Ihminen tarvitsee kulttuuriinsa aina sekä luonnon ymmärtämistä että keskenkasvuisuuden kertomismekanismeja. Mutta yhtä vähän kuin ristiriitaisuus tavoittaa totuutta, tavoittaa taide luontoa tai aikuisuutta. Myös Kierkegaard ajatteli inhimillisen elämän olevan pohjimmiltaan ristiriitaista mutta hän ei hyväksynyt filosofien yrityksiä muodostaa teesien ja antiteesien neutraaleja synteesejä. Hänen mielestään elämän irrationaalisuus oli ratkaisematon, eikä sitä tullut piilottaa vaan hyväksyä.

Taiteessa ristiriidat, jännitteet, konfliktit, kontrastit ja paradoksit ovat keinoja kertoa asioista, jotka ovat ihmisen irrationaalisessa lajimenneisyydessä. Luomisessa ei ole kuitenkaan

---

[82] (Nietzsche, Traagisen ajattelun synty, 1994) Hakasulkujen selitykset tekijän, kursivoinnit alkuperäiset.

kyse vain kommunikoinnista, vaan myös halusta luonnon ja vaistonvaraisuuden kokemiseen. Se on paljon sivistyksen mukanaan tuomia »tyylejä», »kieliä» ja »taidetta» perustavampaa.

Vihjeitä ja vertauksia aikuisuudesta taiteessa ja uskonnossa on silti jaettu vuosituhansien ajan. Eräs tunnettu tapa on vanhan hengellisen perinteen tavoin nähdä maallinen elämä täysikasvuisuuden vertauskuvana. Nietzschelle vertauskuvallisuus oli apollonista, elämän lumeen sisältävää kaunista, inhimillistä taidetta. Vertauskuvallisuuden perinne on ikivanha ja eräs sen tunnetuimmista muodoista runoudessa syntyi uusplatonilaisuudesta. Se liitti Platonin filosofiaan mystisiä viittauksia, jotka siirtyivät runouteen »salattuina tarkoituksina». Salattuihin tarkoituksiin viittaaminen oli myöhemmin myös kirkon keino omaksua maallisia kuvia sisältävää runoutta. Uskonnollisen runouden rinnalle syntyi maallista runoutta, joka viittasi samaan mystisyyteen. Esimerkiksi 1100-luvun Provencen trubaduurit lauloivat linnanrouvalle ylistystä, joka sisälsi aina saman traagisen rakkauden kuvan. Erisäätyiset eivät voineet saada toisiaan eivätkä päästä harmoniaan, joka vallitsi Jumalan luomassa luonnossa:

> Viisaaksi luulin itseni. Voi! Vähän tiedän.
> Rakastaa on pakko naista, jolta en ikinä suosiota saa.
> Menetin koko sydämen, itseni, hänet, maailman;
> ja ainoastaan halun sain ja kaipauksen kalvavan.[83]

---

[83] Bernard de Ventadour, Suom. Aale Tynni.

Rakkautta ylistävien lyriikanmuotojen takana oli myöhemminkin tarve muuntaa täysikasvuisuus hyväksyttävämmäksi, muodikkaammaksi ja ymmärrettävämmäksi. Selitykset feodalismista, rahasta, seksuaalisuudesta tai sosiaalisesta etiketistä rakkauden perusteluna saattavat joskus pitää paikkansa, mutta useimmiten aikaa kestävien runojen taustalla on selitystä vaativa mystinen tunne luonnosta ja aikuisuudesta. Mystikko *Mechthild Magdeburgilainen* kuvasi tätä 1200-luvulla:

> Oi rakkaani, kurkkuani vaivaa viattomuuteni,
> mutta makean hellyytesi sokeri antaa ääneni taas soida,
> niin että voin laulaa tämän laulun.
> Herra Sinun veresi on yhtä kanssani, tahraamatonta,
> Sinun rakkautesi yhtä rakkauteni kanssa, jakamatonta,
> Sinun vaatteesi yhtä vaatteeni kanssa, liatonta.
> Sinun suusi yhtä suuni kanssa, suutelematon. [84]

Rakkaus on voimakas vertauskuva. Se ei toimi ainoastaan symbolina vaan myös arjen dramatiikkana, josta löytyy onni ja suru, yhdessäolon huumaavuus ja yksinäisyys, saavuttamattomuus ja äärimmäisenä kosto, mustasukkaisuus, itsesääli, itsetuho ja kuolema. Vertauskuvat näyttävät maailmassa vallitsevia tiloja ja ihmisen kohtaloita, synnyttävät muistoja ja tunteita ja auttavat hyväksymään ihmisen keskeneräisyyden. Vertauskuvat ovat vertauskuvia, esitettiinpä niitä sitten korkeakulttuurissa tai

---

[84] (Mechthild Magdeburgilainen: Rakastavan sielun valitus)

kansantaiteessa. Niiden perimmäistä arvoa ei voi laskea esittämistyylin perusteella.

Rakkautta ja ihmisten välisiä suhteita pidetään kuitenkin pinnallisempina vertauskuvina kuin luontosuhdetta. Niin ikään kansanomaista liikuttumista pidetään korkeataiteellista mietiskelyä pinnallisempana. Nämä inhimillisyyteen taipuvaiset käsitykset taiteen kokemisesta olivat lähtöisin Platonilta, jolta ne periytyivät kirkkoisä Tertullianukselle. Tertullianus kirjoitti teoksessaan »De spectaculis», että maallisen ja erityisesti draamallisen kirjallisuuden henkisesti kiihottavaa vaikutusta oli vältettävä, koska Pyhään Henkeen tuli suhtautua tyynesti, hellästi ja rauhallisesti.[85] Tällaiseen tilaan pyrki keskiaikainen tosikauneus. Platonin ajattelutapa määritteli keskiajan kirkollisen suhtautumisen maalliseen runouteen ja myös yleisemmin estetiikkaan, siitä huolimatta, että hän oli nimenomaisesti pitänyt taiteita tuomittavina. Mutta koska hänet myöhemmin haluttiin nähdä yhdistäjänä järjen ja kristinuskon totuuksien välillä, ja kun hänen kauneutta ja totuutta käsittelevät ajatuksensa vielä tuotiin renessanssin sivistyspiireihin pyhyyteen liitytettyinä, tuli hänen ideoistaan väkisinkin virheettömän rakkauden, hyvyyden ja ritari-ihanteiden synonyymeja.[86] Niistä

---

[85] (Railo, 1945, s. 287)

[86] Jo Plotinos huomautti, että Platon oli erehtynyt taiteen arvostelussaan.

puuttui tyystin maanläheinen, melankolinen, traaginen ja myös groteski luonne.

Kirjallisuus on jo luonteensa takia pääosin rationaalista. Siinä toimitaan sovittujen lainalaisuuksien, eli yhteisen sanaston ja kieliopin puitteissa. Monet muut taiteenlajit sen sijaan eivät estä taitelijaa valitsemasta esittämistapojaan. Vuonna 1956 valmistuneessa dokumentaarisessa elokuvassa »Le mystère Picasso» ohjaaja *Henri-Georges Clouzot* näytti taiteen paradoksaalisuuden. Clouzot johdatteli katsojan Pablo Picasson ajatteluun kuvailemalla, että taiteilija hakee näkyvää paradoksaalisesti täyttämällä valkeaa kangasta mustaa lisäämällä. Kuvataiteilija ajattelee kuvaavansa todellisuutta, mutta pohtiessaan taidettaan filosofisemmin hän oivaltaa, ettei pystykään siihen. Hän näkee valoa, mutta pystyy piirtämään ainoastaan varjoja, ei itse valoa. Tämä paradoksi, jossa koettua todellisuutta voidaan kuvata vain vastakohtansa kautta, on ominaista taiteelle.

Pablo Picasso oli kuvataiteilija, joka halusi olla ei-rationaalinen ja amoraalinen, omaa tietoisuuttaan syrjivä. »Piirtämällä ja värillä, jotka ovat minun aseitani, olen halunnut tunkeutua syvemmälle ihmisen tajuntaan sillä tavoin, että tämä tajunta joka päivä pääsisi vielä kappaleen matkaa eteenpäin vapauden tiellä».[87] Picassolle taide oli irtautumista älyllisestä inhimillisyydestä. Hän halusi maalata maailman sellaisena kuin ihminen sen näkisi, jos voisi syrjäyttää älyllisyytensä.

---

[87] (Picasso, 1988, s. 90)

Esteettisillä seikoilla ei ollut hänen työskentelyssään merkitystä. Picasso ei ollut tekemisen kohteidensa suhteen pelkästään demokraattinen vaan vailla mitään halua suhteiden näkemiseen. Hän halusi nähdä ja näyttää vastoin kantilaisen filosofian mahdottomaksi määrittelemää *an sich* -ajattelua asiat paljaina:

> »Tulevien sukupolvien tunnustuksesta minä vähät välitän. Olen vihkinyt elämäni vapaudelle ja aion jatkuvasti pysyä vapaana, mikä tarkoittaa, etten välitä siitä mitä ihmiset tulevat minusta sanomaan. Se, joka huolehtii jälkimaailman tuomiosta, ei voi olla vapaa. Jälkimaailma on hypoteesi, eikä taiteilija työskentele hypoteesien parissa. Hänen työssään on kysymyksessä 'tässä ja nyt' ja tätä 'tässä ja nyt' hän pyrkii valaisemaan itselleen ja aikalaisilleen».[88]

»Jälkimaailma» edusti keskenkasvuisen näkemystä yhteisön ja julkisuuden tärkeästä merkityksestä. Picasson pyrkimystä järjen mitätöintiin kuvaa myös seuraava:

> »Maisemani ovat aivan samanlaisia kuin alastontutkielmani, mutta ihmiset jotka katselevat maalausteni kasvoja ovat sitä mieltä, että joku nenä on 'epämuodostunut', vaikka eivät koskaan närkästy epämuotoisesta sillasta. Mutta minä teen tahallani nenän 'muodottomaksi', koska haluan pakottaa ihmiset lopultakin näkemään nenän».[89]

Picasso halusi kiinnittää huomion vääristävään inhimilliseen näkemistapaan, joka ei ollut taiteen lähtökohtainen tarkastelu-

---

[88] (Picasso, 1988, s. 85)

[89] (Picasso, 1988, s. 89)

tapa. Se tuli esiin myös toteamuksessa »tarkoituksella ei taiteessa ole mitään arvoa».[90] Picasson taiteesta sen ymmärtää varsin hyvin, hän kielsi monta kertaa pyrkineensä mihinkään tai etsineensä mitään. Töissä oli esillä se, mitä hän oli maalatessaan löytänyt, ei se mitä tahto ja järki olivat tuottaneet.

1800- ja 1900-luvulla laulelmat ja tangot kertoivat inhimillisen elämän tyhjyydestä ilman parantavaa rakkautta. Ne olivat kaipuuta elämän irrationaalisuuteen ja ennakoimattomuuteen. Täysikasvuisuus sekoittui niissä aistilliseen rakkauteen ja läheisyyteen. Toisesta sukupuolesta tuli aikuisuuden vertauskuva. Aidoimmillaan ne olivat kuvatessaan aikuisuuden eriskummallisuutta ja yllätyksellisyyttä. Suomessa poikkeuksellisesti laulettu versio tanskalaisen *Jacob Gaden* instrumentaalista mustalaistangosta Mustasukkaisuutta (*Jealousie*) esitti täysikasvuisuuden epäinhimillisenä rakkautena: »Järjen veit ja minusta orjan teit, kun lempes annoit ja kestävän sen vannoit...»[91] Teema on tuttu muistakin sivistyksen väheksymistä lauluista. Laulelmien ja iskelmien keskeinen osa oli piilotettu vastakohtaisuus. Sen avulla luontomyönteisyys tiivistettiin »rakkaudeksi» tai »onnellisuudeksi», joka katosi yhtä salaperäi-

---

[90] (Picasso, 1988, s. 84)

[91] Laulujen sanat Kullervon eli Tapio Lahtisen. »Järjen vieminen», hulluus ja sekoaminen ovat tässä ja vastaavissa yhteyksissä tarkoittaneet alun perin *faktista* järjen häviämistä eikä vain ihastumista, lievästi epäsovinnaista käyttäytymistä tai tekstin tyylillistä liioittelua.

sesti kuin tulikin. Tällaiset laulut tekivät usein tahtomattaan pilkkaa omahyväisestä korkeakulttuurista.

Perustavana ongelmana länsimaiden ylikirjallisissa ja ylirationaalisissa kulttuureissa on se, että niissä ei ole kelvollista tapaa puhua siitä, mitkä voimat vaikuttavat luovuutemme takana. Kaikki sellainen on puettava suurentelevien, ja siksi epäuskottavalta kuulostavien mielikuvien, tai liian rationaalisten selitysten taakse. Tämän kykenemättömyyden perusta on sivistyskulttuurissa, joka on luotu itsepintaisesti karttamaan arkipäiväistä henkisyyttä ja sen kytkemistä tavallisen elämän osaksi.

LUONNOLLINEN YLILUONNOLLINEN

Uskonnoissa palvomme tietämättämme nykyihmiseltä hävinneitä lajille tyypillisiä piirteitä. Olemme hukanneet tiedon, että uskonnon menoissa palvomme meiltä puuttuvaa välitöntä suhdetta luontoon, joka kuuluisi olla jokaisella ja jonka oikea nimi on aikuisuus. Aikuisuudesta on tullut ehdottomasti väärennetyin asia koko sivilisaation historiassa. Vuosituhansien saatossa olemme joko tehneet siitä ihmisen suurimman synnin tai muuttaneet sen »jumaliksi» ja lakanneet ymmärtämästä mistä mysteereissä ja muinaisessa viisaudessa oli alkujaan kyse.

Alkuperäinen aikuisuus, joka pilkistää sisältämme aika ajoin, on sivistykselle moraalinen ongelma. Sen paljastuminen merkitsisi ihmisen raadollisuuden hyväksyminen. Kenties ehkä juuri siksi aikuisuuteen on liitetty erikoisia ja burleskeja piirteitä sisältäviä . Dominikaanimystikko Mestari Eckhartin (1260–1327) mukaan Jumalaa ei kuitenkaan saavuteta lisäämällä jotain sieluun, vaan vähentämällä siitä jotain pois. Eckhart, joka oli akvinolaisen filosofian eli *tomismin* edustaja, selitti uskontoa järjen avulla, ja siksi Jumalan saavuttaminen ei voinut tarkoittaa järjen hävittämistä. Hänen »mystiikkansa» oli epäjohdonmukaista, koska järjestä hän saattoi kirjoittaa kriittisestikin: »Sillä ne jotka ovat kirjoittaneet sielun jaloudesta, eivät ole voineet edetä pitemmälle kuin mihin heidän luonnollinen järkensä voi kantaa; he eivät ole koskaan tavoittaneet sielun perustaa, joten heille jäi vielä paljon epäselväksi ja tuntemattomaksi». Kirkko totesi useat Eckhartin mielipiteet kerettiläisiksi hänen kuolemansa jälkeen.

Myös hyväksytyn teologian piirissä oli samankaltaisia ajatuksia. Anonyymi kristillinen teologi *Pseudo-Dionysios Areopagita*, kirjoitti Mystiikan teologia -nimisessä teoksessaan: »Mutta jos sinä ystäväni haluat mystisiä näkyjä, jatka karaistuneena matkaasi. Hylkää aistisi ja ymmärryksesi toiminta, aistein havaittava ja näkymätön ja kaikki ei-oleva ja oleva, ja palaa sikäli kuin se on mahdollista tietämättömänä ykseyteen hänen kanssaan, joka on kaiken olemisen ja tiedon yläpuolella».[92]

Turkkilaisen sufi-mystikon, runoilijan ja filosofin Celaleddin Rumi Mevlanan luomassa pyörivässä tanssissa dervissin kame-

---

[92] (Mäkinen, 2003)

linvillahatun sanotaan samaan tapaan symboloivan hänen egonsa hautakiveä ja valkoisen hameen hänen egonsa käärinliinoja. Rumin mukaan »viisas on aina huolissaan ja etsii kuuluisuutta; rakastaja on itsensä kadottanut ja järjiltään. Viisas on aina varuillaan ja välttyy hukkumasta; rakastajan työ ja toimi on hukkua».

Uskonnollisen ja mystisen kokemuksen erottaminen toisistaan on lähinnä tulkintakysymys, erot tulevat taustasta, johon kokemukset kytketään. Romanialainen uskontotieteilijä *Mircea Eliade* kirjoitti selvästikin kokemuksiinsa perustuen, että uskonnollisessa kokemuksessa ihminen »vaistoaa voiman (jumaluuden) kokonaisuutena, suurenaykseytenä, joka on läpitunkematon ja täydellinen, itseriittoinen. Kaikki ihmisen kokonaisvaltainen ajattelu ja tarkoituksenmukainen toiminta sen jälkeen kun hän on tullut tietoiseksi asemastaan kosmoksessa tähtää yhteen ainoaan päämäärään: 'erillisyyden' poistamiseen, alkuperäisen ykseyden palauttamiseen, uudelleen eheytymiseen 'kaikkeuden' kanssa (ymmärrettiinpä se persoonattomaksi voimaksi, jumalaksi tai miksi tahansa).» Afrikkalaisista myyttisistä näkemyksistä on kirjoitettu lähestulkoon samalla tavalla: »Ihmiset kaipaavat tätä muinaista, menettämäänsä eheyttä. Heidän sisimmässään on käynnissä taistelu eheyden tavoittelun ja itsenäisyyden kaipuun välillä. Tämän taistelun ihmiset kokevat lähestyessään nykyaikaa».[93]

---

[93] (Mytologia, 2005, s. 249)

Harvakseltaan ilmaantuvia »mystisiä kokemuksia», joita ei liitetä suoraan uskontoihin, nimitetään nykyisin kosmisen tietoisuuden kokemuksiksi.[94] Niille sanotaan olevan yhteistä sanoinkuvaamattomuus, kokemuksen todellisuus, lyhytkestoisuus, minuuden häviäminen ja kokemusten autonomisuus eli se ettei niihin voi itse vaikuttaa. Yhteydet aikuistumiseen ovat selviä, niissä ei ole esimerkiksi persoonallista kokijaa.[95] Minuuden häviäminen on kuvattu myös minuuden laajentumisena ja ykseys- tai *unio mystica* -kokemuksena. Mystisiä kokemuksia on koetettu selittää myös luovuuden ja ns. luovan oivalluksen avulla.

Mystiikan tutkija *Robert K.C. Forman* on kuvannut, ettei mystisessä kokemuksessa ihmisen tajunnalla ole varsinaisesti mitään kohdetta tai sisältöä. Hän puhuu »puhtaan tajunnan kokemuksesta» (*pure consciousness event*), joka ei rakennu lainkaan käsitteille.[96] Tällä voi kaiken muun ohella selittää sen,

---

[94] Engl. Cosmic Consciousness Experience, CCE. (Smith & Tart, 1998, ss. 97-107(11)). Löytyy lyhentäen suomennettuna myös Olli Erjantin artikkelista »Mystinen kokemus – sanoinkuvaamattomuudesta käsitteiden ylittymiseen» (Erjanti, Mystinen kokemus - sanoinkuvaamattomuudesta käsitteiden ylittymiseen, 2001).

[95] Esim: »There could be no sense of an experience happening to 'me', because there was no sense of a separate me.»

[96] »This experience, which has been called the pure consciousness event, or PCE, has been identified in virtually every tradition. Though PCEs typically happen to any single individual only occa-

miksi kulttuuriset erot eivät pohjimmiltaan juurikaan vaikuta mystisiin kokemuksiin. Ilmaisuna *pure consciousness* on hieman moniselitteinen mutta tarkoittanee tietoisuudesta puhdasta *tajunnan* kokemusta.[97]

Uskonnollinen »tuonpuoleinen» merkitsee yksinkertaisesti teini-iän tukirakenteiden vähentymistä ja mentaalista täysikasvuisuutta. Keskenkasvuiselle sen tavoittamattomuus on »tuonpuoleista» ja irrationaalisuus »selittämätöntä». Se ei silti tarkoita käsityskyvyn ulottumattomissa olevaa, puhumattakaan mistään kaukaisesta tai kuoleman jälkeistä. Kyse on lajityypillisen psyykkisen aikuisuuden vertauskuvasta. Hengellinen »kuolema» merkitsee inhimillisyyden häviämistä, jota lapsi pelkää luonnostaan ja nykyaikuinenkin, koska ei kykene hyväksy muuttumistaan. Asiat, joista puhutaan hengellisyyden, uskontojen, taiteiden, luovuuden ja jopa taikauskon nimissä eivät ole olemassa olevia asioita vaan kasvun apuvälineiden puuttumista. Tatu Vaaskivi totesi, että uskontoja ylläpitävä salaperäisyyden tunne on imenyt voimansa juuri sen »tummasta lumouksesta, tuntemattomuuden viehätysvoimasta» ja että uskonnon selittä-

---

sionally, they are quite regular for some practitioners. The pure consciousness event may be defined as a wakeful but contentless (nonintentional) consciousness» (Forman, 1998).

[97] Ks. Olli Erjanti: Mystinen tajunta, Tajunta neurofilosofian ja mystiikan näkökulmista. Uskontotieteen pro gradu, 2003. (Erjanti, Mystinen tajunta : Tajunta neurofilosofian ja mystiikan näkökulmista, 2003)

minen merkitsee »enemmän hylkäämistä kuin hyväksymistä, enemmän arvon katoa kuin luottavaista arvostamista»[98]. Uskonnolliset ja mystiset kokemukset syntyvät kasvun tukimekanismien katoamisesta. »Tähän riemuun kuuluu myös jonkin tuhoutumisesta nauttiminen...», tiivisti myös Nietzsche. Uskonnoissa kokemukset heijastuvat jumalkuvissa, mystiikassa »ykseydessä», »yhtymisessä» ja »absoluuttisuuden tunteessa». »Valaistunut ihminen» ei kohtaa mitään uutta vaan ainoastaan uudella tavalla. Tämä koskee yleensäkin hengellisyyttä, koska puhe esimerkiksi »jumalasta» merkitsee keskenkasvuiselle jotain olemassaolevaa mutta luonnon aikuiselle suunnilleen samaa kuin kivun lakkaaminen.

SIVISTYVÄ HENKI

Hengellinen elämä on ollut tieteelle ongelma aina ja erityisesti Valistusajan jälkeen. Keskiajalla filosofian ja kristillisyyden sekoitus tunnettiin skolastiikan nimellä. Myöhemmin tiet erkanivat ja niistä tuli elämänkatsomuksellisesti vastakkaiset äärilaidat. Vastakkainasettelu ajoi kiistan osapuolet poteroihinsa. Kun kriittisinä itseään pitävät tutkijat alkavat lukea uskonnollisia tekstejä kirjaimellisesti, se johtaa tilanteeseen, jossa he

---

[98] (Vaaskivi, Huomispäivän varjo, 1938, s. 240)

päätyvät määrittelemään jumalankin »ajattelun kategoriaksi».[99] Tällaiset selitykset ilmentävät filosofian pyrkimystä selittää pois irrationaaliset ilmiöt maailmasta. Hengellisyys on ongelma kaikille niille, joille ihmisen rationaalisuus on perustava arvo ja joiden mielestä ihminen muodostaa maailmankuvansa ensisijaisesti järkensä avulla.

Uskonnon kritiikkiin on toisaalta perusteensa. Oudoimpana esimerkkinä voidaan pitää uskontojen väkivaltaista historiaa, jossa on rikottu kaikkia hengellisyyden keskeisiä ideaaleja vastaan. Outoa on ollut myös kirkkojen »lainopillinen» jaarittelu ja uskonnollisten tekstien poliittinen hyväksikäyttö, pyhyyden auktorisointi ja aneiden myynti. Näihin eivät langenneet ainoastaan ihmisiä harhaoppisina tuominneet kirkonmiehet vaan myös uskovaiset itse. Omilla toimillaan he mitätöivät uskonnollisuuden ymmärtämisen, ja siksi uskontoja ovat voineet arvostella ihmiset, joilla on kompetenssia vain uskonnon näkyvien merkkien arviointiin. Uskonnon kritiikistä tuli toisarvoisten asioiden arvostelua.

Väärinymmärrykset syntyivät useimmiten kirjoitusten tulkinnoista. Kirjoituksen alkuvaiheista ei olisi voinut arvata, että kirjoitus on joskus jumalien käytössä. Varhainen hengellisyys oli nimenomaan ei-kielellistä ja ei-rationaalista. Kieli ei voinut synnyttää hengellisyyttä, eikä sillä – kirjoituksista puhu-

---

[99] (Pyysiäinen, 1997)

mattakaan – ollut annettavaa ihmiselle, joka kaipasi hengellisiä kokemuksia. Kirkkojen kannalta tilanne oli kuitenkin toinen.

Kirjoituksen tuomisella äärimmäisen epärationaaliseen hengellisyyteen oli alun alkaenkin selvästi poliittinen luonne. Kirjoituksen vaikutuksesta uskonnoista kasvoi sivilisaatioiden ja valtioiden poliittisia liikkeitä. Kirjoitus teki hengellisyydestä julkista ja sivistykselle kelpaavaa. Hallitsijat ymmärsivät, että yhteisöjä hallitaan uskon inkarnaatioilla. Hengellisyys kehittyi kaupungeissa ensin inhimilliseksi, sitten poliittiseksi. Kirjoittaminen teki jumalasta paitsi kuuluvamman ja näkyvämmän, myös poliittisen kumppanin, joka kommunikoi. Kun kirjauskontojen pohja valettiin kirjoituksen avulla, teki tämä liitto samalla politiikasta pyhää. Hengelliset ajatukset auktorisoitiin kirjoittamalla. Sillä haluttiin varmistaa, että kirjoituksiin ja niiden pohjalta tehtäviin päätöksiin uskottiin ja että politiikalla oli tulevaisuutta.

Korkeakulttuurien uskonnot eivät syntyneet saumattomasti »primitiivisen» hengellisyyden kehityksenä vaan hengellisyyttä hyväksikäyttävinä joukkoliikkeinä. Niitä ohjasivat omat johtajat, lait, palveluspaikat, rituaalit, rangaistukset ja palkkiot.[100] Jo vanhastaan kirjoitustaito liittyi poliittiseen ja taloudelliseen

---

[100] Eino Kaila ymmärsi uskontoja psykologian kautta paremmin kuin kollegansa keskimäärin: »Suuret sosiaalis-historialliset liikkeet ovat säännöllisesti monikerroksisia; niissä on, kuten ihmisluonnossa yleensäkin, heikko, mutta todellinen, syvähenkinen yläkerros ja vahva animaalinen alakerros». (Kaila, Persoonallisuus, 1938, s. 373).

valtaan. Se oli keino tallentaa päätöksiä ja lakeja sekä välittää niitä yhteisössä. Ensimmäisistä kirjoituksista merkittävimpiä oli kiveen hakattu ja näihin päiviin säilynyt Babylonian kuningas *Hammurabin* lakikokoelma, jonka esimerkki vaikutti myös juutalaisten Tooraan (Mooseksen kirjat). Kirjoitus loi myös historian kontrolloituna menneisyytenä.[101]

Pyhät kirjat ovat nimensä mukaisesti todistuksia pyhästä. Raamattu on kristityssä maailmassa ensimmäinen kirja ja painetun sanan esikuva: se on Kirja, josta muut kirjat ovat syntyneet. Kirjat heijastavat Raamatun edustamaa lakia ja totuutta. Vaikka juutalaisten laki kirjoitettiin babylonialaisten innoittamana kiveen, yhtä vastaansanomattomalta se vaikuttaa hauraammallakin materiaalilla. Raamattu on kirjallisuuden auktoriteetti ja sen edustaman vakuuttavuuden vuoksi painettu sana on jo *a priori* mielissämme totta. Kirjoitetut sanat ovat luotettavia. Myös ensimmäiset kristityt kiinnittivät kielen Jumalaansa ilmoittamalla, että sana oli Jumalan tykönä. Kirjoitus vaikutti merkittävästi myös intialaisiin Veda-hymneihin, jotka kirjattiin suullisesta perinteestä ennen vuotta 1500 eaa. Kirjaamisen jälkeen alun perin neljästä Vedasta koostuva kokoelma kasvoi laajaksi oppikirjoituskokoelmaksi, joka sittemmin muodosti koko hindulaisuuden perustan ja vaikutti buddhalaisuuteen ja jainalaisuuteen.

---

[101] Historian kantasana on istōr (kreik.), »hän, joka tietää»

Vallanpitäjät auktorisoivat valtansa kirjoittamalla, koska silmin nähty oli objektiivisempaa, luotettavampaa ja pitkäikäisempää kuin pelkästään kuultu. Kirjoituksen vaikutuksesta pyhää julistavasta kirjoituksesta tuli yhä useammin itse pyhää, niin kuin lakia julistavasta oli tullut lainvoimaista ja totuutta julistavasta totta.[102] Kirjoituksesta tuli vahva tekijä ihmisen maailmankäsityksen rakentajana. Usko rationaalisuuteen merkitsi sitä, ettei kirjoitusten tulkinnassa nojattu enää omiin näkemyksiin, vaan kirjallisiin ja kirjallisuuden tunteviin auktoriteetteihin. Rationaalisesti ajattelevalle ihmiselle kirjoittaminen antoi samalla mahdollisuuden rajattomiin spekulointeihin, joka johti nopeasti ylimielisen kirjoittavan luokan syntyyn.

Monet teologiset ja uskonopilliset ongelmat syntyivät uskonnollisten tekstien fundamentalistisesta lukutavasta. Eräs kuuluisimmista on ns. *teodikea* eli jumalan oikeudenmukaisuuden ongelma. Jos jumala oli hyvä ja kaikkivaltias, miksi hän salli pahan maailmassa, jos hän taas jostain syystä ei halunnut poistaa pahaa, vaikka siihen olisi kyennytkin, hän ei ollut hyvä eikä armahtava. Ei ole kovin vaikea nähdä, että Jumalan käsittäminen inhimillisenä olentona, joka ymmärtää hyvää ja pahaa sekä erityisesti kielellisesti muotoiltuja ongelmia, johtaa vain uusiin teologisiin ongelmiin.

---

[102] Kuvaavaa on, että esimerkiksi Kiinassa muinaiset myytit politisoitiin kokoamalla ne filosofiaa, hallintoa, lakia ja yhteiskuntaa käsitteleviin sekalaisiin kirjoituskokoelmiin.

Jos hengellisyys olikin ollut alun perin yritystä rakentaa sopua luonnon kanssa, se muuttui uskontojen pyhissä teksteissä vastakohdakseen. Alkuperäinen hengellisyys oli täysikasvuisuuden vaistoamista. Se ei olisi voinut synnyttää uskontojen kovaäänistä todistamisen tarvetta. Sen sijaan kirjoitus yhdenmukaisti hengellisyyden ilmentymät ja loi mahdollisuuden sekä papiston vallalle että fundamentalistiselle konservatiivisuudelle. Hengellisen ihmisen oli osattava lukea – tai osattava tekstit ulkoa. Ääriuskonnollisuus vahvisti toimillaan kirjallisiin julkaisuihin sisältyvän periaatteellisen poliittisuuden. Kun juutalaiset sitoivat kirjoitetun lain uskoonsa, he välittivät voimakkaan luottamuksensa kirjoitettuun uusia uskontosuuntia perustaville. Juutalaisuus on joskus määritelty olemisen ja kirjoittamisen yhdistelmäksi. Samanlainen vaikutus kirjoituksella oli myös Kreikan suulliseen mytologiaan, joka korvautui filosofis-poliittisilla teksteillä.

Kirjoitus loi hengellisyyden päälle siihen täysin kuulumattomat kerrokset historiaa, etnisyyttä ja politiikkaa. Juutalaiset antoivat uskonnolleen varhain historiallisen ulottuvuuden: juutalaisuus *oli* menneisyyttä. Myös muiden kirjauskontojen keskeinen piirre oli yksilön yli ulottuvan historiallisen merkityksen korostaminen. Jumalalla oli suunnitelmia ja Jumala oli myös antanut ihmisille tehtäviä, joiden merkitys voitiin nähdä vain historiallisesti. Historiaa varten oli omat, auktorisoidut valvojansa. Ihmiset, jotka tunnistivat hengelliset kokemuksensa raamatusta, tai jotka muista syistä pitivät kirkkojen tulkintoja vinoutuneina, olivat vaaraksi kirkkojen pyrkimyksille ja arvovallalle. Poliittinen uhka määriteltiin kerettiläisyydeksi ja vääräuskoisuudeksi.

Muun muassa *Jakob Böhme*, kirjallisesti oppimaton suutari arvosteli 1600-luvulla tiedettä ja uskontoa oppineiden ja uskonauktoriteettien harmiksi: »Ehkä ajattelette, että kirjoitan pakanan tavoin», Böhme julisti, »... en kirjoita pakanallisesti tai barbaarisesti, vaan filosofisesti. En myöskään ole pakana, vaan minulla on syvä ja tosi tieto Jumalasta, joka on kaikki.» Böhmen kritiikki aikansa oppineita kohtaan selitettiin toteamalla, että hän halusi itse olla yksi oppineista. Hänen mielestään »järkioppineet» ja »sokeat tohtorit» olivat syypäitä ihmisten ymmärryksen hämärtymiseen.

Kirkkojen käytännöistä huolimatta uskolla ja epäuskolla ei ole mitään tekemistä kielellisten todistusten eikä auktoriteettien kanssa. Hengellisyys ei kohdistu keskenkasvuiseen ja toiveiden täyttämään arkeen. Perususkonnollisuus saattaa tyydyttää ihmisen turvallisuustarpeita, mutta tarkoittaa vain ihmisen sitoutumista uskonnon ideologiaan.[103] Kirjauskontojen poliittisuus on sitä, että ne valjastavat inhimilliset pelot ja toiveet joukkovoimaksi. Niissä ihminen on ohjattavissa omaan kohtaloonsa liittyvillä uhkauksilla ja toiveilla. Uskontojen taustalla on kuitenkin uskottavuutta, joka ei nouse kielestä tai (oikein tai väärin perustein) uskovista ihmisistä vaan kokonaan sivistyksen

---

[103] Latinan *religãre* tarkoittaa »sitoa tiukasti»

ulkopuolelta. Alun perin heprean kielen pyhä (*kadoš*) tarkoitti yksinkertaisesti vain »erilaista» tai »erotettua», ei siis moraalisesti ylempää tai parempaa. Pyhän suhde inhimillisyyteen ja arkipäiväisyyteen oli olla niistä erotettua ja irti pääsemistä, siis lajityypillistä itsenäisyyttä ja aikuisuutta. Sitä oli alkuperäinen ja tosiasiallinen käsitys »tuonpuoleisesta», »kuolemanjälkeisestä», »paratiisista», »nirvanasta» ja muista vastaavista aikuisuuteen viittaavista olotiloista.

ELÄIMET JA LUONNON TUONPUOLEISUUS

Ihminen kaipaa kykyä hyväksyä maailma sellaisenaan ja sitä tuomitsematta. Hän ei kuitenkaan tiedä, miten se tehdään. Siksi monet ihmisen ihailemat, palvomat ja tavoittelemat asiat viittaavat siihen kokemusmaailmaan, jossa eläimet elävät. Eläinjumala ei ole jäänne muinaisuskosta, vaan edelleen ihmistä parempi »jumalan kuva». Eläimet ovat ihmistä kehittyneempiä, jos mittana pidetään eläinten (joihin ihmisetkin kuuluvat) normaalia aikuiseksi kasvamisen ja luonnollisen osansa hyväksymisen prosessia. Ne ovat kehittyneet elämään täydellisemmin kuin ihmiset, ja ne täyttävät olemassaolonsa luonnon ja arkaisen hengellisyyden kannalta korrektilla tavalla. Luontouskontojen panteismi, kaikkijumaluus, sijoitti jumalan nimenomaan luontoon. Eläimet eivät kenties ole ihmistä älykkäämpiä, mutta luonnossa aikuiset yksilöt eivät kaipaa älykkyyttä. Ei ole lainkaan vaikea nähdä, että sivistyksen ihanteellinen hengellisyys sisältää valikoituja piirteitä eläinmaailmasta, vaikkei se sitä tunnustakaa.

Eläin mitätöi olemuksellaan sivistyksen luoman kuvan ihmisen hengellisestä ylemmyydestä, ehkäpä siksi monet pyhät paikat on suljettu eläimiltä. Mutta jos hetkeksi unohtaa ennakkoluulot, voi huomata kuinka hyvin moraaliset ja hengelliset ihanteemme kuvaavat kotieläimiä. Kristityille tuttu Paavalin kuvaus rakkaudesta sopii paremmin eläin- kuin ihmismaailmaan: ...»pitkämielinen, lempeä, ei kadehdi, ei kerskaa, ei pöyhkeile, ei käyttäydy sopimattomasti, ei etsi omaansa, ei katkeroidu, ei muistele kärsimäänsä pahaa, ei iloitse vääryydestä»... Vaikka tämä kuvaa inhimillistä täysikasvuisuutta, muistuttavat kotieläimet rakkaudesta ja uskollisuudesta osuvammin. Ehkä sen vuoksi Nietzsche piikitteli sivistyneen ihmisen kuviteltua ylemmyyttä antamalla eläinten tuntea sääliä ihmistä kohtaan:

> »Minä pelkään, että eläimet pitävät ihmistä kaltaisenaan olentona, joka on mitä vaarallisimmalla tavalla menettänyt eläinjärjen – mielettömänä eläimenä, nauravana eläimenä, itkevänä eläimenä, onnettomana eläimenä.»[104]

Varhaisissa kulttuureissa eläimiä pidettiin pyhinä. Yhteisöjen ihmiset tunnistivat eläinten paremmuuden, mutta sivilisaatiossa ajatus tuntuu mahdottomalta. Monien myyttien keskeisenä

---

[104] (Nietzsche, Iloinen tiede, 2004, s. 224)

teemana oli menetetyn ykseyden ja eheyden palauttaminen, joka ilmeni luontoyhteyden hakemisena eläinten kautta. Osa hindujumala Višnun ruumiillistumista on myös eläimiä. Useimmilla kansoilla eläinamuletit (karhun tai pöllön kynsi, biisonin sarvi yms.) suojelivat loitsujen ja rituaalien tavoin ihmistä pahoilta hengiltä. Antiikin matkusteleva *Herodotos* ihmetteli egyptiläisten tapaa pitää kaikkia eläimiä pyhinä. Egyptiläisten jumaluudet olivat ihmisten ja eläinten sekamuotoja. Pohjois-Amerikan monet intiaaniheimot pitivät ihmisen ja eläinten eroja vähäisinä ja ajattelivat, että eläimet saattoivat muuttua ihmisiksi ja päinvastoin. Ihmisten ja eläinten yhtymiset ovat mytologioissa usein esiintyvä teema. Jotkut kansat katsovat polveutuvansa tällaisista liitoista. Eläimistä periytyminen (totemismi) yrittääkin osoittaa ihmisen olevan luonnon osa. Samaa ilmensivät monien heimojen rituaalijuhlat, joihin liittyi usko siitä, että ihminen voi muuttua eläimeksi tai sen hengeksi omaksumalla kyseisen eläimen muodon seremonianaamion avulla. Afrikassa on kansoja, joiden kosmologiassa varhaisin aika maailmassa oli täydellisyyden aikaa, jolloin ihmiset ja eläimet elivät sulassa sovussa. Pohjoisille kansoille karhu on ollut tärkein mytologinen eläin – joidenkin näkemysten mukaan siitä syystä, että karhu voi seisoa kahdella jalalla ja nyljettynä se muistuttaa ihmisvainajaa. Lapin kolttasaamelaiset ajattelevat koko heimonsa periytyvän karhusta. Samoin ajattelevat Pohjois-Amerikan micmacintiaanit, Siperian vogulit, hantikansa (ostjakit) ja Hokkaidon ja Sahalinin ainut.

Näkemykset poikkeavat sivistyskulttuurien ihmiskeskeisyydestä ja eläinkielteisyydestä. Sivistyksen on jopa katsottu sisältävän ajatuksen eläimellisyyden ja pahuuden yhteenkuuluvuudesta: »Paha, eläimellinen käytös on vastakohta hyvälle, ihmismäiselle, järkevälle ja sivistyneelle elämäntavalle.»[105] Varhaisten kansojen uskomusperinne perustui havaintoihin, jotka ristiriitaisinakin jouduttiin hyväksymään. Kuitenkin ne olivat sellaisina usein lähempänä oikeita vastauksia kuin länsimaisen tieteen loputon hypoteettisuus. Jos eläimiä olisi osattu sanoa täysikasvuisiksi, olisi niitä pystytty kunnioittamaan sellaisenaan, mutta »länsimaisen sivilisaatio-käsitteen muotoutuminen, jossa renessanssin ajattelulla on tärkeä osuus, on merkinnyt tunteiden ja vaistojen alistamista. Järjen on voitettava eläimellisyys. Länsimainen sivilisaatio on kieltänyt eläimellisyyden, typistänyt ihmisyyden järjeksi».[106]

USKOMINEN INHIMILLISYYDESTÄ IRTAUTUMISENA

Usko on ehkä karkeimmin väärennetty ja väärinkäytetty uskonnollispoliittisen vallankäytön ase. Uskomiseen sanan uskonnollisessa mielessä liittyy paljon terminologista sekavuutta. Puhekielessä uskominen tarkoittaa näkökulmasta riippuen totena

---

[105] (Suutala, 1996, s. 77)

[106] (Suutala, 1996, s. 78)

pitämistä, vakuuttumista, luottamista, toivomista, henkistä riippuvuutta tai tottelemista. Siihen liittyy inhimillistä epävarmuutta tai perustelujen puutetta silloin, kun se tarkoittaa luulon kaltaista tietoon perustumatonta käsitystä jostakin. Uskolla voidaan lisäksi tarkoittaa opillista abstraktiota tai sellaisen älyllistä hyväksymistä.

Uskomisen ei kuitenkaan tarvitse olla maagista eikä minkään uskonnon värittämää. Sillä voi olla itsenäinen psykologinen ulottuvuus, joka viittaa aikuisuuden moraalittomuuteen ja persoonattomuuteen, laajemmin rationaalisuuden rajoittuneisuuteen. Tällainen näkemys sopii myös siihen Ludwig Wittgensteinin ystävälleen *Maurice Drurylle* esittämään toteamukseen, että hän näki kaikki (filosofiset) ongelmat uskonnollisessa valossa, vaikkei uskonnollinen ollutkaan.[107]

Uskonnollisessa merkityksessä usko yleensä tarkoittaa Jumalan olemassaolon toivomista tai siitä tunnettua varmuutta. Nämä tulkinnat ovat kaukana siitä irrationaalista henkisyydestä, josta uskonnot ovat saaneet alkunsa ja siitä »uskosta», joka esiintyy Uuden testamentin vertauksissa. Usko- ja toivo-termien erilaisuus ei muuta sitä, että arkikielessä sanoilla tarkoitetaan loppujen lopuksi samaa: passiivista pyytämistä. Kun usko suuntautuu mihin tahansa ennalta määriteltyyn asiantilaan, siitä tulee haluamista. Uskominen haluamisena ilmentää uskontojen

---

[107] »I am not a religious man but I cannot help seeing every problem from a religious point of view» (Rhees, 1981).

inhimillistä puolta. Siihen kuuluu yleensä myös turvallisuutta tuovia isä- tai äitihahmoja, sääntöjä ja ohjeita.

Uskoon sisältyvän irrationaalisuuden ja inhimillisen todellisuuden paradoksi on monien Raamatun vertausten avain. Kirjaimellinen tulkinta uskosta ihmisen *tietoisena* toimena – niin kuin se on opetettu tulkitsemaan – on kirjoituskulttuurien synnyttämä harha. Usko voidaan nähdä pikemminkin ihmisen oman tahdon poissaolona ja sen myötä järjen ohjauksen puuttumisena. Kristillinen teologia on usko-termin suhteen monin paikoin johdonmukaista, mutta esimerkiksi uskoon käännyttäminen on turhaa, koska uskossa ei ole kyse tahdosta uskoa. Kirkko voi käännyttää jäsenikseen, mutta ei uskoon. Käännyttäminen on politiikkaa.

Varhainen kristitty Tertullianus tiivisti uskon irrationaalisuuden sanontaan *credo quia absurdum*, »uskon, koska se on järjetöntä».[108] Hänelle uskon irrationaalisuus liittyi itse uskomiseen, ei sen kohteeseen, kuten jumalaan tai kuolemattomuuteen. Raamatun mukaan usko on »luja luottamus siihen, mitä toivotaan, ojentautuminen sen mukaan, mikä ei näy».[109]

---

[108] Tertullianuksen nimiin laitetun ilmauksen kirjoitusasu teoksessa *De Carne Christi* on erilainen, vaikka se sisältääkin laajemmassa yhteydessä suunnilleen saman ajatuksen: »Crucifixus est dei filius; non pudet, quia pudendum est. Et mortuus est dei filius; prorsus credibile est, quia ineptum est. Et sepultus resurrexit; certum est, quia impossibile.» (Tertulliani, 2002/1956)

[109] Heb.11:1

Inhimillisellä lapsenuskolla onkin aina kohde: usko on jonkin ilmaistavissa olevan asiantilan haluamista.[110] Uudessa testamentissa on myös kohtia, joissa irrationaalisuus esitetään uskomisen, ei uskon kohteen, ominaisuutena. Uskon irrationaalisuus ilmaistaan vertauskuvin: vesi muuttuu viiniksi, Jeesus kävelee veden päällä ja ruokkii kansanjoukon muutamalla leivällä ja kalalla[111] Nämä eivät viittaa todellisiin arkipäivän tilanteisiin vaan kuvaavat keskenkasvuiselle käsittämättömän aikuisuuden irrationaalisuutta. Huomionarvoista ei ole se, että uskotaan jotakin tapahtuvan, vaan että uskotaan kaikesta huolimatta, ehdoitta.

Usko voidaan ymmärtää ytimeltään juuri niin järjettömäksi kuin Raamatun tapahtumat antavat ymmärtää. Usko on mahdollista ymmärtää psykologisena aikuistumisen osana. Se ei ole

---

[110] Yleensä uskoksi sanotaan asennetta, joka ei vakuuttuakseen tarvitse perusteluja. Filosofisissa yhteyksissä siitä käytettäisiin termiä uskomus, joskus ehkä toive, koska nekin sisältävät kohteen. Saksalainen filosofi *Johann Gottlieb Fichte* (1762–1814) määritteli uskon sellaiseksi ihmismielen toiminnoksi, jota ilman ei ihminen voi toimia. Ihminen ei voi esimerkiksi lakata uskomasta, että ulkomaailmaa ei ole; tässäkin on kyse inhimillisestä uskonkäsityksestä.

[111] »Silloin Pietari sanoi hänelle: »Herra, jos se olet sinä, niin käske minun tulla luoksesi vettä pitkin.» »Tule!» sanoi Jeesus. Pietari astui veneestä ja käveli vettä pitkin Jeesuksen luo. Mutta huomatessaan, miten rajusti tuuli, hän pelästyi ja alkoi vajota. »Herra, pelasta minut!» hän huusi. Jeesus ojensi heti kätensä, tarttui häneen ja sanoi: »Vähäinenpä on uskosi! Miksi aloit epäillä?» Matt. 14.

riippuvainen mielen ulkopuolella olevasta todellisuudesta eikä liity siihen mitenkään. Siitä ei voi itse päättää, eikä uskoakseen ihmisen myöskään tarvitse tietää eikä ymmärtää mitään. Jos uskon irrationaalisuudesta kertovat vertaukset luetaan kirjaimellisesti, usko muuttuu toivomiseksi tai tottelemiseksi ja viimein politiikaksi ja silloin se menettää alkuperäisen merkityksensä. Tällaisen uskon julistaminen on palvellut hyvin kirkkoa mutta ei ihmisen kaipaamaa aitoa hengellisyyttä.

Samaa vaikkakin päällepäin erilaista irrationaalia uskoa kuvataan myös esimerkiksi *Jeanne-Marie Leprince de Beaumont'n* sadussa »Kaunotar ja hirviö». Siinä päähenkilönä olevan tytön on lakattava antamasta tuomiovaltaa silmillensä ja tehtävä päätös hirviön hyväksymisestä, rakastettava tätä ehdoitta.[112] Vasta heittäydyttyään tähän järjettömään rakkauteen hän kokee ja ymmärtää sen, mitä kukaan ei voinut kertoa.

Vaikka reaalimaailmaan sijoittuvia selittämättömiä asioita olisikin, niillä ei ole merkitystä hengellisessä mielessä. Aistein havaittavat asiat eivät ole eivätkä voi olla »yliluonnollisia» asioita. Jos »yliluonnollisia» asioita voidaan havaita tietoisesti tai

---

[112] Hirviön voi nähdä myös Gilgameshin Enkidun kaltaisena alkuihmisenä, joka on puoliksi ihminen ja puoliksi eläin. Hirviö edustaa aikuisuutta, jonka keskenkasvuiset ihmiset näkevät uhkana itselleen. Nietzsche olisi saattanut ajatella itseään ja edustamaansa ajattelua juuri tällaisena hirviönä, hänestä ainakin huokuu samanlainen paatos ja ehdottomuus.

aistien avulla, voidaan ne ennen pitkää myös selittää luonnollisiksi.

Uskolle läheiset anteeksianto ja vastuu ovat niin ikään asioiden hyväksymistä sellaisenaan. Anteeksiantoon kuuluva armo on inhimillisesti järjetöntä, koska se on oikeudenmukaisuudesta luopumista. Ihminenhän näkee luonnostaan vikoja ja syitä ja moraalisessa mielessä hän haluaa nähdä myös niiden aiheuttajat. Armo on halua tällaisen synnynnäisen moraalisuuden ylittämiseen. Useimmille armo jää silti maneeriksi eikä sillä ole kohteliaisuutta suurempaa kantavuutta.

Samanlaisen väärinymmärtämisen vaaran sisältää myös vastuu. Vastuuta pidetään aina taakkana ja keskenkasvuiselle se tarkoittaa joko velvollisuutta tai moraalista syyllisyyttä. Työelämässä suuri vastuu kompensoidaan suuremmalla palkalla, arkielämässä muulla arvostuksella. Elinikäisen vastuun ajatus kuulostaa rangaistukselta, eikä se sovi ihmisenä elämisen positiivisiin mahdollisuuksiin. Juridiikassa syyllisyys perustellaan vastuulla ja syyttömyys sen puuttumisella. Ihminen, joka ei ole vastuussa ei voi olla syyllinen (osallinen). Mutta luonnossa vastuu ei – aikuisuuden tapaan – ole annettava eikä otettava tehtävä, vaan elämä itse. Vastuu ei ole tietoinen ja aktiivinen asiantila vaan jotain, joka syntyy. Vastuuta ei tarvitse kantaa, päinvastoin vastuu kantaa toimijansa. Meidän ymmärtämämme vastuu on heikko häivähdys sen muinaisesta merkityksestä, jolloin se tarkoitti »maailmassa olemista», lajijäsenyyden merkityksen ja tärkeyden ymmärtämistä ja maailman ja olemassaolon läsnäolon tuntemista. Hengellisyys oli alun alkaen *luonnon* ymmärtämisen puolustuslinnake. Se kääntyi kuitenkin päälaelleen ja siitä tuli yliluonnollista. Siksi henkisyys, hengellisyys ja uskonnot ovat sivistyksen oman rationalismin myötä saaneet järjettömän ja mystisen leiman.

Viisaus ei ole tietoa, vaan herkkyyttä. Tätä ei kirjaviisaus ymmärrä. Olisi parempi, jos emme lähestyisi kaikkea järkeillen, koska järki voi täydellisesti puuduttaa herkkyyden. Nykyihminen, jolla ei ole tajua kokonaisuuksista, tukahduttaa näköalat sitoessaan ratkaisut mekanismiin, jolla ei ole näkökykyä eikä tuntoaistia. Järjellä voi ratkaista ainoastaan sellaisia asioita, joissa ei tarvita viisautta.

LUKEVA NARKISSOS

Länsimainen ihmiskäsitys on sidoksissa antiikin Kreikan kulttuurihistoriaan. Ymmärtääksemme sen lähtökohdat meidän on palattava kreikkalaiseen varhaiseen ajatteluun ja mytologiaan. Varhaiskreikkalaisessa kulttuurissa oli kyse halusta ymmärtää ihmisen osa luonnossa. Vuosituhannen puolivälissä ennen ajanlaskun alkua sen rinnalle syntyi kilpaileva rationaalinen ajattelutapa, filosofia, joka nopeasti syrjäytti sen. Filosofiasta kasvoi järjen paimen, joka lakkasi etsimästä vastauksia ennen niin tärkeisiin inhimillisiin peruskysymyksiin ja keskittyi kokonaan uudenlaiseen tietoon, käsitteellisiin totuuksiin.

Vanhan olympolaisen jumalmaailman, *pantheonin,* näkökulmasta maailma oli sellaisenaan täydellinen, mutta rationaalisesta ajattelusta hullaantuneen kreikkalaisen silmiin pistivät liian monet järjettömät ja selittämättömät piirteet. Oraakkelit kummallisine ennustuksineen ja runoilijat outoine säkeineen, järjettömät jumalat ja niiden mielipuoliset teot eivät jaksaneet kiinnostaa enää uusia sukupolvia. He näkivät järjen yksilön elämää muovaavana muutosvoimana ja vanhan feodaalisen ja mytologisen kulttuurin tuoreena uudistajana.[113] Tätä ajattelua edustanut filosofia erkani Kreikassa ja sen lähialueilla eläneiden niin sanottujen esisokraatikkojen maltillisesta rationaalisuudesta ja kehittyi omaksi äärirationaaliseksi oppisuunnakseen. Mikään kulttuuri ennen antiikin kreikkalaisia ei rakentanut tietämystään puhtaasti teoreettiselle tiedon ihanteelle. Radikaalia muutosta on selitetty monin tavoin, mutta sen keskeisin syy on silti hyvin yksinkertainen: kirjoituksen kehittyminen.

Kirjoitus keksittiin 5000 vuotta sitten Kaksoisvirranmaassa ja pian sen jälkeen Egyptissä.[114] Kirjoitusjärjestelmiä ja merkistöjä oli lukuisia sekä idässä että lännessä, mutta länsimaisen sivilisaation kehittymisen kannalta merkittävimmäksi tuli nimenomaan kreikkalaisten foinikialaisilta perimä aakkosto. Näissä aakkosissa tapahtui radikaali muutos noin 700 vuotta ennen

---

[113] Luonnon säätelyyn järjen avulla ei antiikin Kreikassa kuitenkaan uskottu. Vasta roomalaiset aloittivat sen kanavillaan ja monimutkaisilla kastelujärjestelmillään.

[114] Maailman vanhimmat kirjoitukset voivat olla jopa 8000 vuotta vanhoja, jos nyttemmin löydetyt simpukankuorille kirjoitetut kiinalaiset merkit on ajoitettu oikein.

ajanlaskun alkua, jolloin kreikkalaiset päättivät täydentää pelkistä konsonanteista koostuneen aakkostonsa vokaaleilla. Äänteisiin perustuva kirjoitus tarjosi edeltävistä kirjoitusmenetelmistä poiketen kreikkalaisille täydellisen muistin tuen. Kirjoituksesta ei tullut salatiedettä, vaan se oli kaikkien vapaiden kansalaisten oikeus. Talouden, kaupan ja lainsäädännön piiristä sen käyttö laajeni nopeasti politiikkaan. Poliittisten puheiden pitäjät alkoivat kirjoittaa puheitaan ja opetella ne ulkoa. Puheista rakentui kirjoituksen avulla suoraviivaisempia, johdonmukaisempia ja tehokkaampia ja samalla ne menettivät jotain välittömyydestään. Poliittinen demokratia tuki kirjoitusta merkittävänä retoriikan välineenä, toisaalta kirjoitus vaikutti myös demokratiaan. Parissa sadassa vuodessa luku- ja kirjoitustaidosta tuli Kreikassa yleistä, ja 400 eaa. maassa oli laaja lukeva yleisö.[115]

Ei ole mikään sattuma, että kreikkalaisten kiinnostus filosofoinnin varhaiseen muotoon alkoi samaan aikaan kirjoituksen kehittymisen kanssa. Kirjoitukset synnyttivät uudenlaisen tiedonhalun, pyrkimyksen selittää olevainen kirjoittamalla. Kreikan kulttuuripiirissä, Turkin länsirannikolla vaikuttaneet luonnonfilosofit alkoivat ensimmäisinä kirjoittaa luonnonilmiöistä tukeutumatta yliluonnollisiin tai jumalisiin selityksiin. Kuudennella vuosisadalla ennen ajanlaskun alkua eläneiden Vähä-Aasian joonialaisten, elealaisten, pythagoralaisten ja atomiopin kehittelijöiden mielissä kirjoittaminen sytytti palon selittämi-

---

[115] (Hämeen-Anttila, 2006, s. 64)

seen, ilmiöön, josta oli kehittymässä ajattelun taitolaji. »Meteorologeiksi» kutsuttujen ajattelijoiden pyrkimyksenä oli tarjota kaikille oikeaa tietoa mytologian ja mystiikan kuvaamasta todellisuudesta. Oraakkelin perinteiset irrationaaliset sana-arvoitukset eivät heille enää kelvanneet.[116] Pohdiskelun piti johdattaa sivistynyt ihminen pois myyttisestä ja hämärästä epätietoisuudesta. Jumaluuden tilalle ajattelijat etsivät kosmista järkeä, joka antaisi toivon luonnon ymmärtämisen mahdollisuudesta. Varhaiset pohdiskelijat etsivät *logosta*, kosmista sanoin ilmaistavaa luonnon olemisen selittäjää, perustaa ja järkeä, joka korvaisi sepitteiltä tuntuvan *mythoksen*.[117] Tai he etsivät *archea*, tulen ja veden kaltaista materiaalista prinsiippiä, joka selittäisi asioiden ilmaantumisen ja katoamisen. Vaikka tutkimuskohteena oli alkujaan luonto, hämmästelyn aiheeksi vaihtui pian kielen ja luonnon suhde, siis tekstien selitysvoima.[118]

Jos moni asia olikin epäselvä, niin yksi ei ollut: vastausten oli oltava järkiperäisiä.[119] Totuuden etsimisen kannustin oli usko

---

[116] Delfoin oraakkelin ennustukset olivat monitulkintaisia. Esimerkiksi Lyydian kuningas Kroisokselle oraakkeli ennusti: »Jos ylität rajan, suuri valtakunta tuhoutuu.»

[117] Sekä mythos että logos tarkoittavat kertomusta.

[118] Filosofit ovat nyttemmin todenneet, ettei termi »luonnonfilosofia» kuvannut kovinkaan osuvasti esisokraatikkojen ajattelua.

[119] On sanottu, että luonnontieteiden alku hellenistisessä maailmassa olisi johtunut jumalakuvan kehityksestä ja siten luontoa kohtaan tunnetun pelon vähenemisestä.

luonnon rationaalisuuteen. Logos oli paitsi tämä pohdiskelun julkilausuttu hypoteesi, myös uskontunnustus. Järkeen uskomalla ihminen oli elävä sopusoinnussa itsensä ja luonnon kanssa. Järjestä tuli pian luonnon koossapitävä voima, ja muutaman sukupolven aikana se hävitti koko Olympoksen irrationaalisen jumalsuvun. »Maailmantunne imeytyy ympäröivästä ulkotodellisuudesta sisäisiin syvyyksiin, ihminen tulee itsensä keskipisteeksi. Tämä merkitsee, että esikreikkalainen, symbolisissa kuvissa kukkiva metafysiikka, jota Aristoteles on täydellä syyllä nimittänyt 'teologiaksi', kadottaa valtaansa, samalla kun kirkastuva käsiteajattelu saa yhä tukevampaa jalansijaa», kuvaili Tatu Vaaskivi ajattelutavan muutosta.[120] Järjettömyyksien hyväksymisen ja jumalien itsevaltiuden aika oli ohi. Ihmisellä oli mahdollisuus, oikeus ja halu paljastaa olemisen perimmäinen prinsiippi ja maailman muuttumista ohjaavat voimat.

Esisokraatikkoja askarruttivat sellaiset asiat kuten ykseys ja moneus, alku ja loppu, olevainen ja olematon, muuttuva ja muuttumaton, ajallinen ja ikuinen – asiat, jotka eivät olleet luonnossa yksiselitteisesti koettavissa mutta löytyivät kielestä. »On selvää, että me loppujen lopuksi emme näe oikein, emmekä ole oikeassa uskoessamme, että asioita on monta. Ne eivät muuttuisi, jos ne olisivat todellisia, jos jokainen asia olisi niin kuin uskomme sen olevan. Mikään ei ole voimakkaampi kuin todellisuus», kirjoitti Sokrateen aikalainen *Melissos*. Hän luotti

---

[120] (Vaaskivi, Huomispäivän varjo, 1938, s. 463)

kielen antamiin suuntaviittoihin enemmän kuin näkemäänsä ja kokemaansa. Hän yritti sovittaa moniulotteista kokemusmaailmaansa neliskulmaiseen rationaaliseen maailmankuvaansa, koska uskoi kielen kykyyn toimia luonnon objektiivisena tulkkina ja olevan ihmisen havaintokykyä parempi.[121]

Nämä ajattelijat uskoivat löytävänsä lopullisia vastauksia, mutta niin ei käynyt. Totuus pysyi kätkettynä ja luonnonilmiöiden oheen, hämmästelyn varsinaiseksi kohteeksi alkoi tulla hämmästely itse. Filosofian varhaisia näkökulmia kuvasti se, että luonnon selittäminen nähtiin teoreettisena ongelmana. Esimerkiksi Herakleitokselle tuli selitti samalla sekä luontoa että älyä ja ajattelua. Hän edusti uuden kreikkalaisen rationaalisen ajattelun vähitellen karttuvaa pappiskuntaa, vaikka ehkä tahtomattaan. Hänen on jopa sanottu kirjoittaneen tarkoituksella vaikeasti, jotta vain harvat ymmärtäisivät hänen tekstejään. Herakleitoksen kohtaamat ilmaisulliset vaikeudet näkyvät lopulta hänen fragmenttiensa moniselitteisyytenä ja mutkikkuutena. Maailma ei auennutkaan hänen kirjallista kunnianhimoaan vastaavalla tavalla. Giorgio Colli on epäillyt, että

---

[121] On tunnettua, että ensimmäiset filosofiset tekstit olivat lyhyitä ja mietelauseenomaisia. Sen vuoksi niiden oletettiin pitkään olevan kadonneiden pitempien tekstien säilyneitä osia, fragmentteja. Mutta 1950-luvulla tutkimuksissa havaittiin, ettei Demokritoksen »fragmenteiksi» kutsuttujen tekstien takana ollut mitään kadonneita teoksia vaan tekstit todellakin olivat lyhyitä. On tulkittu, että tekstit saattoivat pyrkiä kompromissiin kirjoituksesta haltioitumisen ja sen vastustamisen välillä.

Herakleitos saattoi pyrkiä pitämään tekstit poissa filosofian »markkinoilta».[122] Hän ei ehkä halunnut jakaa ajatuksiaan niissä pelkkiä muodollisia totuuksia näkevien filosofien kanssa.

Vastoinkäymiset eivät lannistaneet ajattelijoita. Viisautta ja myös sen puuttumista pohdittiin uudessa valossa. Vastausten löytämisen taidosta siirryttiin pian kysymysten etsimisen taitoon ja pohdiskelun mekaniikkaan. Oli pakko hyväksyä, että älyllisen harmonian etsimisessä kaksi askelta eteen vaati silloin tällöin myös jokusen taakse. Hämmästely tuli nopeasti tärkeämmäksi kuin sen kohteena oleva luonto. Se kehittyi problematiikaksi ja metodologiseksi kysymysavaruuden kartoittamiseksi. Pohdiskelijat tuskin huomasivat, ettei yhtäkkinen kiinnostus luonnon rationaaliseen lähestymiseen ollutkaan peräisin itse luonnosta tai sen havainnoinnista vaan kirjoituksesta. Tiedon haku ei myöskään suuntautunut luontoon tai mihinkään heidän itsensä ulkopuolelle vaan järjen tuotteisiin.

Varaukseton usko kirjoitukseen sai ajattelijat tekemään rohkeita päätelmiä samalla kun se johdatti heidät yhä useammin nurinkurisiin »totuuksiin». Ongelmat eivät kuitenkaan hillinneet kieleen rakastumista, vaan houkuttelivat sukeltamaan syvemmälle sanojen ja merkitysten kätkettyyn maailmaan. Järjen

---

[122] »Hänen [Herakleitoksen] ilmaisunsa ei ole yksineläjän ylitsepursuavaa ilmaisua, vaan säälimätön vihamielisyyden julistus, lietsontaa viisaiden kilpaan, jossa kaikki joutuvat antamaan periksi hänelle, haastajalle.» (Giorgio Colli, Filosofian synty)

käytön yksipuolisuus aiheutti sen vieläkin filosofiaa hallitsevan piirteen, että järjen käyttäminen ei synnyttänytkään vastauksia eikä ratkaisuja vaan lisää kysymyksiä. Koska ongelmia ei saatu, eikä sittemmin haluttukaan pois kielestä, tulkittiin ne luonnon ominaisuuksiksi. Näin Herakleitos loi sellaiset kuolemattomilta tuntuvat viisaudet, kuin »kaunein harmonia saa alkunsa riitasoinnusta» ja »muutoksen maailmassa yksi asia on muuttumaton: taukoamaton muuttuminen». Protagoras julisti vastaavasti »ihminen on kaiken mitta, kaikkien asioiden, jotka ovat niin kuin ovat eivätkä ole niin kuin eivät ole». Demokritos kirjoitti: »Jos hylkäät kohtuuden, kaikkein mieluisimmasta voi tulla vastenmielistä». Viimein Sokrates sanoi: »on vain yksi hyvä asia, tieto, ja yksi paha asia, tietämättömyys». Liekö hän ajatellut paradoksien väistämättömyyttä sanoessaan myös, että »tiedän vain sen, etten tiedä mitään». Tällaiset selitykset eivät auttaneet ymmärtämään luontoa eivätkä ihmismieltä, mutta kirjallisen kulttuurin ne saivat kukoistamaan.

Vanhakreikkalaiset eivät halunneet perustaa maailman tuntemusta kirjoituksille toisin kuin kirjoituksesta ihastuneet filosofit, jotka halusivat hallita luontoa käsitteillä samalla järjestelmällisellä tavalla, jolla kirjoitus oli alkanut kontrolloida puhuttua kieltä. Rationaalisuus oli huumannut heidät. Perinteinen kreikkalainen mytologia, joka perustui kyselyyn ja arvutteluun, sai jäädä. »Joonialaisen Ksenofaneen hahmossa antiikin maailmaan astui ensimmäinen täysiverinen teoreetikko, jonka spekulaatioissa tämä uskonnollinen perusta on alkanut rakoilla ja jonka julistus liikkumattomasta ja muuttumattomasta, 'samana pysyvästä', kaikkiyhteisestä jumalasta luo kaukaista pohjaa Aristoteleen opille», kuvaili Tatu Vaaskivi filosofian murrosta. Hänen mukaansa »ensi kerran tässä ajattelussa suunnataan myös mietiskelevän arvostelun kärki itse jumalien luonnetta vastaan, sillä – ja tämä vakaumus värittää Ksenofaneen kaikkia säilyneitä mietelauseita – 'harhanäköä on kaiken yllä', koska jumalat eivät alussa lainkaan ole ilmaisseet salaisuuksiaan kuolevaisille».[123]

Kirjoitus teki elämästä hallitun kokonaisuuden, jolla oli alku, keskikohta ja loppu ja jonka punainen lanka on järki. Elämä alkoi jäljitellä kirjoitusta. Siitä oli löydettävä sama lainalaisuus, joka sisältyi kirjoitukseen. Yhteys luontoon ihmisen ulkopuolelle katkesi. Kirjoituksessa ihminen sai luvan olla kuuntelematta ja luontoa ja välittämättä sisäisestä äänestään.

Filosofian syntyä tutkineen Giorgio Collin mukaan asenteellinen ja kulttuurinen muutos esisokraatikkojen ja Platonin välillä oli kulttuurimme kannalta dramaattisempi kuin on ymmärretty. Esisokraattinen aika oli vielä jossain määrin viisaiden aikaa mutta sen jälkeinen enää »viisauden rakastamisen». Esisokraattinen aika ei silti ollut viatonta mietiskelyä vaan erään sivilisaation vallankumouksen alkusoitto. Jos esisokraatikot olivat kirjallisilla toimillaan osoittaneet kulttuurimurroksen

---

[123] (Vaaskivi, Huomispäivän varjo, 1938, s. 465) Ksenofanes eli 570–480 eaa.

rajalla viisaiden ajan häviämistä, oli filosofiassa kyse vanhan oraakkeliperinteen lopullisesta hävittämisestä kirjoittamisen avulla.

Muutos näkyi ja kuului joka puolella, muun muassa *Sofokleen* ja *Euripideen* näytelmissä. Vaaskivi kuvasi sitä: »Kun luonteiden kuvaus jo alkaa heikosti sarastaa, kun jumalat eivät enää ohjaa draaman kulkua vaan muuttuvat pelkiksi näyttämöllisten efektien välikappaleiksi, kun tragedian elämänviisaus kuihtuu varovaiseksi ja epäileväksi kaikenpohdinnaksi ja kadottaa uskonnollisten vaistojen pohjan, silloin on kreikkalainen näyttämö menettänyt vanhan, luovan merkityksensä».[124] Uusiutuva kreikkalainen kulttuuri heijasti muutosta paisuteltuine korinttilaisine pylväineen, laskelmoituine veistoksineen, kiiltäväksi vahattuine maalauksineen ja pelkkää oppineisuutta osoittavine runoelmineen. Filosofiassa perinteisestä ihmisen ja oraakkelin vuoropuhelusta, *dialektiikasta*, tehtiin julkista väittelyä. Väittelyt esitettiin kansalaisille, jotka eivät kuitenkaan itse osallistuneet keskusteluun. Filosofi *Gorgiaan* kohtalona on sanottu olleen luoda tästä vanhasta keskustelun muodosta poliittisen retoriikan perusteet. Giorgio Colli kutsui filosofian syntyä kreikkalaisen perinteen »radikaaliksi väärentämiseksi».[125]

---

[124] (Vaaskivi, Huomispäivän varjo, 1938, s. 462)

[125] »Mainittujen kulttuuristen muutosten kautta, retoriikan alueen kietoutuessa dialektiikan alueeseen ja ennen muuta kirjoituksen kirjallisessa mielessä tunkeutuessa asteittain esiin, logoksen, järjen

Kirjoitusten korostuessa kuulonvarainen kulttuuri alkoi kuihtua. Siirtyminen kirjalliseen kulttuuriin merkitsi puheen ja kirjoituksen irrottamista esitysyhteyksistään. Käytännöllisyys muuttui teoretisoinniksi. Totuudesta ja tiedosta tuli demokraattisesti kaikkien yhteistä omaisuutta, riippumatta siitä kuinka paljon he siitä ymmärsivät tai kuinka paljon se heille merkitsi. Muistiinmerkitsemisen kulminaatiopistettä merkitsi filosofi Platonin tuotanto. Varsinainen filosofia syntyi Sokrateen puheista Platonin dialogeissa ja Aristoteleen kirjallisessa elämäntyössä 400- ja 300-luvuilla eaa. Ne olivat merkittävässä osassa Kreikan vanhan oraalisen kulttuurin tuhoutumisessa. Platon mytologisoi järjen tekemällä siitä jumalallista ja jumalallisesta järjellistä.[126] Hän ei vaihtanut ainoastaan asioiden painopisteitä

---

rakenne muotoillaan vastaavasti uudelleen. Noiden julkisten esitysten myötä, joiden yksi puoli kirjoitus on, lähtee liikkeelle radikaali väärentäminen, sillä se, mitä ei voida irrottaa sen muodostavista subjekteista, muunnetaan kollektiiville tarkoitetuksi näytökseksi.» (Colli, Filosofian synty, 1997). Samanlainen suurelle yleisölle suunnattu kertomisperinne syntyy Euroopassa uudelleen pitkän hiljaiselon jälkeen 1700-luvulla ammattikirjailijaluokan myötä ja jatkuu vakaana nykypäiviin saakka. Samalla traagisen ja koomisen romaanihenkilön tilalle astuu »tavallinen ihminen» iloineen ja ongelmineen. Tämä muutos on selkeästi yhteydessä porvarisluokan vallan kasvuun ja pinnan alla kyteneen individualistisen elämäntavan voimistumiseen.

[126] Mircea Eliade näki samanlaisen kehityksen 1800-luvun tieteen nousussa. Saksalainen filosofi Ernst Cassirer (1874–1945) taas näki tässä yhtäältä samanlaisen järjen taistelun myyttejä vastaan mutta piti sitä päinvastoin hyvänä kehityksenä. Hänelle Platon oli ensimmäinen

vaan myös niiden metaforat: totuuden kuulemisen tilalle hän toi totuuden näkemisen. »Sielun hämäryyden» hän vaihtoi järjen valoksi ja jumalien maailman ideoiden maailmaksi. Totuuden tavoittamisen väline vaihtui korvasta silmäksi. Me tunnistamme nykyisinkin »tiedon valon» ja tiedämme, että tyhmyys asustaa pimeydessä. Pimeässä ei voinut lukea eikä kirjoittaa. Tieto oli Platonille tekstuaalisuuden takia visuaalista, minkä vuoksi hän käytti siitä sanaa *idea*, kreikkalaisittain *idein* (ιδειν), »nähdä». Platonin jälkeen länsimainen ajattelu perustui yhä enemmän visuaalisiin metaforiin, joissa tieto oli valaisemista, tietäminen näkemistä ja totuus valoa.[127] Ennen Platonia tieto oli välittömämpää ja vaistonvaraisempaa. Vielä Herakleitokselle tieto oli *ksuniemi* (kreik.), »tietämistä kuulemisen perusteella» eli jotain, mikä sisälsi tulkintaa ja usein myös keskustelua.[128]

Aistien vaihtuminen tiedon metaforassa ei ollut merkityksetöntä. Platonin kirjallinen tuotanto oli määrätietoinen askel oraalisesta ja moniaistisesta kulttuurista visuaaliseen kulttuuriin, mytologiasta filosofiaan ja suullisesta kirjalliseen. Muutos johti jyrkkään erotteluun subjektin ja objektin välillä ja samalla tiedon tulkinnan mitätöintiin. Tulkinnan asteittainen häviäminen merkitsi mahdollisuutta tehdä havainnoista luonnon osia ja

---

suuri myytinkaataja. Filosofian historia oli, ja sen tuli olla, taistelua myyttejä vastaan.

[127] Mm. (Keller & Grontkowski, 2000)

[128] Eng. »to know by hearing.

auktorisoida tietäminen niille, jotka hallitsivat kirjoittamisen ja lukemisen. Tämä oli piristysruiske sivistykselle, joka saattoi objektivoida tietoa ja samalla määritellä kielellä kuvattava maailma »todellisuudeksi». Järjen mytologisointi merkitsi nykyisten länsimaisten tieteiden alkua ja koko länsimaisen rationaalisen kulttuurin alkua. Filosofiassa tapahtui samanlainen mytologian politisoitumisprosessi kuin juutalaisuudessa ensimmäisten pyhien kirjoitusten myötä. Filosofeista kasvoivat kreikkalaisen sivilisaation »uuden totuuden» papit, viimeistään Platonin Valtio-teos oli viesti siitä. Platon syytti myyttien sepittäjiä (Homerosta ja Hesiodosta etupäässä) siitä, että nämä kuvasivat jumalat heikkoina ja kostonhimoisina ja oikeiden arvojen hävittäjinä.[129] Hänen mukaansa myyteille ei ollut sijaa

---

[129] Platon selvensi poliittisen kantansa kilpailijoihinsa eli runoilijoihin Valtio-teoksessa, jossa hän halusi karkottaa nämä ihannevaltiostaan. Platonilta tunnetaan lähes kolmekymmentä runoa, mikä tekee näistäkin lausunnoista jossain määrin ristiriitaisia. Runot eivät sisälly Platonin kootuihin teoksiin. Runoja on suomeksi kääntänyt mm. Mika Saranpää niin & näin -lehdessä. Platonin taideohjelman on nähty olleen lähellä sosialistista realismia, koska siinä vaadittiin että sankareiden tulee olla myönteisiä ja sävellysten hengeltään optimistisia (Vuorinen, 1993). Nuori Nietzsche ymmärsi Platonin kateutta ja kunnianhimoa: »- - Platonin dialogien vartavastinen taiteellinen merkitys on enimmäkseen seurausta hänen kilpailustaan oman aikansa näytelmäkirjailijoiden, sofistien ja puhetaidon kanssa. Ne on luotu siksi, että hän voisi lopulta sanoa: 'Katsokaas, pystyn samaan kuin suuret vastustajani; vieläpä parempaan kuin he'» (Nietzsche, 2006 s. 22). Ironisesti filosofiasta tuli tavallaan Platonin kuvaaman runouden kaltaista. Se oli järjen virittämää hulluutta, joka tarttui kuulijoihin, joita järki edelleen käytti puhetorvenaan ohjaten

ihanteellisessa yhteiskunnassa. Runoilijoiden aika oli ohi. Koko kreikkalaisessa ajattelussa tapahtuneeseen muutokseen sopii sekin, että siihen liittyi lain ja järjen kunnioittaminen.

Platonin kirjoitukset merkitsivät siirtymistä kohti politiikkaa. Filosofia oli tämän muutoksen kulttuurinen tuote. Valo merkitsi totuutta ja totuuden suurimpana ikonina oli taivaalla paistava aurinko, elämän ehto. Ideoiden visuaalisuus tuki kirjoitusta totuuden airuena vanhan, mytologiapohjaisen suullisen perinteen sijaan. Apollon nousi runollisuuden hämäryydestä valon ja auringon jumalaksi. Kuuleminen merkitsi uudelle kreikkalaiselle pelkkää passiivista todellisuuteen tyytymistä, näkeminen sen sijaan hallitsemista ja tiedonjanoa. Valaistussa maailmassa ei ollut jumalien hämärään sijoittuvia salaisuuksia, kun totuuteen päästiin asioita valaisemalla eli niistä kirjoittamalla. Kuolemattomuuteen tarvittiin Platonin mukaan rationaalista ajattelua ja intellektuaalista elämää.[130] Hänen kirjallisen kunnianhimonsa kanssa tämä sopi yhteen.

Kaikki kreikkalaiset eivät kuitenkaan olleet yhtä tyytyväisiä muutokseen. Tarina itseensä rakastuvasta *Narkissoksesta* parodioi filosofia ja koko hänen »viisauden rakastamisensa» paradoksaalisuutta. Myytissä tietäjä Teiresias ennusti nymfi

---

ihmistä maailman haltuunotossa omat vaistonsa, viettinsä ja ihmisen osansa unohtaen. Taiteen piti jäädä näennäisyyksiin mutta *se* tulikin filosofian kohtaloksi.

[130] (Platon, Teokset III, 1979)

Leiriopeen pojan Narkissoksen kuolevan, jos tämä »oppii tuntemaan itsensä». Paimenessa Narkissos ajautuu lähteelle, johon katsoessaan hän näkee nuorukaisen, jonka kauneutta ei ollut osannut kuvitellakaan:

> »Maassa maaten hän katsoo silmiään, kaksoistähteä, ja kiharoita jotka kelpaisivat Bakkukselle tai Apollolle sekä sileitä poskiaan, norsunluista kaulaansa, kasvojensa kauneutta, lumivalkeaan sekoittuvaa punaa. Hän ihailee itsessään kaikkea mitä muut ovat hänessä ihailleet. Tietämättään Narkissos himoitsee itseään: häntä miellyttävä on hän itse, hän etsii ja on itse etsitty, yhtä paljon hän sytyttää rakkautta kuin palaa sen liekeissä».[131]

Narkissos ei tunnista lähteestä heijastuvaa kuvaa, vaan rakastuu itseensä:

> »Palan rakkaudesta itseeni: sytytän liekit jotka polttavat minua. Mitä teen? Kosinko vai olenko kosittu? Miksi kosia? Minulla on mitä himoitsen, rikkauteni tekee minut köyhäksi. Kunpa voisin irtaantua ruumiistani. Perin uusi rakastavan toivomus: menisipä rakastettu luotani! Tuska murtaa voimani; elämäni sammuu, osani on taittua kesken kukoistuksen. Kuolema ei minua kauhistuta sillä se lopettaa tuskani. Jospa rakastettuni vain voisi elää kauemmin. Ei se käy, kuolemme yhdessä molemmat.»

Vaikka myytistä on monia tulkintoja, tarina ironisoi selvästi ihmisen pohjatonta luottamusta pettäviin heijastuksiin. Se kuvaa ivallisesti kreikkalaisen kulttuurin muutosta kuulonvaraisesta

---

[131] Narkissos lainaukset: Ovidius, Metamorfoosit; kirja III, s. 339–512, suom. Pirjo Lyytikäinen

visuaaliseen, joka lopulta huipentui filosofiaan. Kun Narkissos oli hyljännyt häneen rakastuneen nymfi *Ekhon* (kaiku!), rankaisi jumalatar Nemesis häntä kieltämällä häneltä kaiken, mihin hän rakastuisi. Hänen kohtalonsa oli sinetöity, kun hän löysi rakkauden vuoristolähteestä. Miten voisikaan paradokseihin ja ikuiseen kysymiseen tuomittu filosofi paremmin luonnehtia itseään kuin toistamalla epätoivoisen Narkissoksen valituksen vedestä heijastuvan kuvajaisensa äärellä:

»Olen halun vallassa ja näen, mutta haluttua, jonka näen, en tavoita: niin harha vangitsee rakastavan. Ja tuskani on sitä suurempi, koska meitä ei eroita rannaton valtameri, ei pitkä matka tai vuorijonot, eivät suljetut muurit vaan vain ohut veden kalvo.--- Anna minun yhä katsoa mitä en voi koskea, ja katsomalla ruokkia onnetonta himoani.»

Tämä kuvaa filosofian länsimaille perinnöksi jättämän totuuden pyrkimisen pohjattoman onnettomuuden. Tatu Vaaskivi totesi filosofian synnystä, että »sokraattinen henki lannistaa elämän, eetillisen kilvoituksen ja rationalistisen järkevyyden kylmänpureva tuuli puhaltaa läpi helleenisen maailman, jolla ei varhemmin ollut mitään taipumusta harjoittaa *ta eis eauton*, 'itsetutkiskeluja', kuten tekee Ateenan viisaudenopettaja - - -».[132] »Itsetutkiskeluilla» hän viittasi Delfoin temppelin kuuluisaan päätykirjoitukseen »*Tunne itsesi*», jonka »Ateenan viisaudenopettaja» Sokrates seuraajineen oli valinnut

---

[132] Vaaskivi, 1938 s. 469

filosofiansa johtoajatukseksi ja josta nymfi oli Narkissosta varoittanut.[133] Sokrates tulkitsi päätykirjoituksen omalla tavallaan: »'Tunne itsesi' ja 'ole järkevä' merkitsevät nimittäin samaa, niin sanoo piirtokirjoitus ja niin sanon minä.»[134] Narkissoksen tarina ironisoi tätä päättäväisyyttä osoittamalla, että filosofia on itserakkautta, joka ei suuntaudu mihinkään ulkopuoliseen. Filosofia oli se Narkissoksen todellinen inkarnaatio, joka »oppi tuntemaan itsensä» ja jonka henkiseen muumioitumiseen johtava mielenkiinto oli sen vuoksi vain oman itsensä rakastamisessa. Vaistojen kuuntelemisen viisaus muuttui tahdon ja järjen ylistämiseksi, jota filosofit sitten rohkenivat nimittää »viisauden rakastamiseksi». Filosofia juurrutti kaikkeen myöhäiskreikkalaiseen ja siitä kopioituun ajatteluun intohimon Narkissoksen epätoivoa ja eksyksissä oloa kohtaan. Renessanssista lähtien tämä intohimo on ollut kirjoittavan luokan ja akateemisuuden tunnusmerkki. Rationaalisen omahyväisyyden, itserakkauden, luovana heijastuspintana ei ole veden kalvo, vaan papyrus, paperi tai muu inhimillisen tahdon ja järjen näkyväksi tekevä materiaali.

Myös D. H. Lawrence viittasi Delfoin tunnuksen monimerkityksellisyyteen teoksessaan »Fantasia of the Unconscious»: »Ei ole koskaan ollut vaarallisempaa elämänohjetta kuin 'tunne

---

[133] Tunne itsesi, kr. γνῶθι σεαυτόν, translitteroituna Gnōthi seauton.

[134] Platon: Kharmides 164e.

itsesi'. On tunnettava itsensä, mutta ei tietämisen vuoksi vaan jotta voi vihdoin *olla* oma itsensä».[135]

Platonin kirjallinen tuotanto on vaikuttava. Teokset ankkuroivat länsimaisen sivilisaation »älyllisen harmonian» ja humanismin satamaan. Hän oli sen kohtalokkaan käännöksen arkkitehti, joka muutti viisauden sekasotkuksi, jota nimitetään viisauden rakastamiseksi. Hänen teoksistaan tuli länsimaisen intellektualismin kivijalka mutta samalla vitsaus. Filosofia ei antanut vastauksia edes niihin Sokrateen asettamiin peruskysymyksiin, joiden tuli johdattaa ihminen hyvän ja oikean elämän lähteille.

Vaikka Platon oli opillinen perustaja, vasta Aristoteleesta filosofia sai metodologin, joka teki järjestä työkalun. Aristotelesta ei kiinnostanut Platonin ideamaailma, mutta muutoksen tilassa olevaan maailmaan hän tunsi vastustamatonta vetoa. Akatemiassa häntä nimitettiin »Järjeksi» (*Nous*). Aristoteles oivalsi, että tukeutumalla Platonin tavoin mystisiin ideoihin hän tekisi vääryyttä omalle henkiselle arvokkuudelleen. Hänen oli sen sijaan haettava vastaus loogisin keinoin aiemmasta filosofiasta piittaamatta. Hän oivalsi myös, että muutoksessa ja sen syissä piili johtolanka arvoitusten miellyttävään labyrinttiin,

---

[135] »There never was a more risky motto than that: *Know thyself.* You've got to know yourself as far as possible. But not just for the sake of knowing. You've got to know yourself so that you can at last *be* yourself. »Be yourself» is the last motto.» (Lawrence D., 1923, s. 60).

johon hän pohtiessaan oli joutunut. Aristoteles analysoi syytä ja vaikutusta, tarkoitusta ja päämäärää, aktuaalisuutta ja potentiaalisuutta. Häntä kiinnosti vain järjellinen, häntä ei kiinnostanut mystiikka, vaan keskittyi ihmisen kohtaamaan maailmaan ja erityisesti sen muuttumiseen.

Muutoksen problematisointi auttoi häntä löytämään *syyn* käsitteen. Muutoksen ymmärtäminen oli syiden ymmärtämistä, näin hän määritteli tehtävänsä. Tällä tavoin hän sitoi järjen muutosten maailmaan. Aristoteles luotti järkeen ja sen kykyyn ratkaista selittämättömätkin ongelmat – jollei omana aikanaan, niin sitten myöhemmin. Järkeen luottaminen piti hänet jo periaatteellisesti erossa varhaiskreikkalaisesta ajattelusta ja mystiikasta ja erotti hänet osin myös Platonin ideoista ja maailman muuttumattomuuden ajatuksesta. Hän ei voinut, eikä missään nimessä halunnut hyppiä päättelysääntöjensä yli.

Aristoteles vei muutoksen pohdinnan kaikkialle minne hänen mielikuvituksensa vain ulottui: etiikkaan, yhteiskuntaan, tietoon, mekaniikkaan, kieleen, taiteeseen, urheiluun, kemiaan, tähtitieteeseen, kasvitieteeseen, matematiikkaan, historiaan, oikeuskäytäntöihin ja moneen muuhun. Järjenkäytön rajat eivät näyttäneet tulevan lainkaan vastaan. Hän tunsi kuinka koko maailma oli rationaalinen. Syiden tutkiminen avasi filosofian kokonaan uudella ja älyyn vetoavalla tavalla. Filosofiassa oli loputtomasti tutkittavaa ja tutkiminen tarvitsi uusia metodeja. Se oli hänelle inhimillisen tietoisuuden uusi aluevaltaus.

Johtolangat olivat niin houkuttelevia, ettei Aristoteles voinut epäillä niistä ainuttakaan. Niiden mukanaan tuoma totuus oli kaunis ja sopusuhtainen, epäilyksetön ja nautittava. Mutta hän ei ymmärtänyt, että juuri muutos ja syyt olivat hänen ongelmansa, eivät sen ratkaisu − jos hän nyt edes ratkaisuja etsi. Ongelmien pohtiminen loi lisää ongelmia, mikä puolestaan vaati yhä enemmän järkeen sitoutumista. Hän ei löytänyt ongelmiinsa ratkaisuja, ainoastaan uusia ongelmia, mutta oli valmis tutkimaan nähdäkseen niiden todellisen olemuksen. Jos hänen syllogismiensa tuloksena olisi ollut jumalia, hän ei olisi epäröinyt hyväksyä niitä. Hän palvoi järkeä niin paljon, ettei uskonut sen heikkouksiin. Järki oli jumalienkin yläpuolella. Pyrkiessään maailman kuvaamiseen määrätietoisella ja järkeen perustuvalla työllä, Aristoteles kuvasi vain oman rationaalisen mielensä. Se oli kuitenkin kuin Platonin vertauksen luola, jonka johon ulkomaailma heijastui värittöminä varjoina.[136]

Platon ja Aristoteles antoivat Kreikan vaikutuspiirissä oleville pohdiskelijoille hetkeksi inhimillistä voimantuntoa ja järjen työkaluja, mutta tavallisille ihmisille ne eivät merkinneet mitään. Filosofien käsittelyssä vanha, kiinnostava dialektiikka kuohittiin hedelmättömäksi skeptisyydeksi, systemaattiseksi tiedon epäilyksi.[137] Vastaamatta jääneistä kysymyksistä syntyi

---

[136] Platon : Valtio (514a-520a)

[137] Skepsis-sanan alkuperä viittaa kysymiseen ja tutkimiseen ja sen juuret ovat Platonin Akatemiassaan kehittämässä keskustelun metodissa.

»filosofisia ongelmia» ja ne kivettyivät teksteissä opillisiksi tosiasioiksi. Filosofiasta kasvoi ironisesti juuri sellainen myytti, jota Platon oli itse arvostellut: »- - - siellä on luuloja, se hämärtyy ja muuttelee käsityksiään suuntaan ja toiseen, eikä siinä nyt näytä olevan juuri lainkaan järkeä.»[138] Platonin oraakkeliperinteestä kopioima vuoropuhelu muuntui hänen dialogeissaan köyhäksi kirjalliseksi tyyliksi, joka on nykypäivän korkeinta olemassa olevaa tietoa ja tietävyyttä osoittavan akateemisen väitöskirjan esikuva.[139]

---

[138] Platon: Valtio 508d.

[139] On yllättävää, että varsin runsaasta kirjallisesta tuotannostaan huolimatta Platon saattoi sujauttaa kirjeisiinsä lauseen, jossa väheksyi kirjallista esitystä: »Ei yksikään järkevä mies uskaltaisi luovuttaa filosofisia ajatuksiaan esityksille ja vielä vähemmän liikkumattomille esityksille, kuten on asia kirjoitetun tapauksessa» (Platon, Teokset VII, 1999). Onko ajatus peräisin Platonilta itseltään? Ja jos on, onko sen tarkoituksena ollut vaikuttaa poliittisesti? Ajatus ei ollut uusi mutta Platonin yhteydessä se kuulostaa oudolta. Katolisen papin ja englanninkielisen kirjallisuuden professorin *Walter Ong*in (1912–2003) mukaan Platonin kritiikki muistuttaa lähinnä tietokoneiden kritiikkiä. Tämän Ong esitti tunnetuimmassa teoksessaan *Orality and Literacy* (Ong, 1982, p. 79). Platon harhaili kreikkalaisen myyttisen ja maallistuneen maailman välissä ja hänen oma kritiikkinsä voi ilmentää lisääntyvää epävarmuutta, vaikka hänen kirjallinen ilmaisunsa olikin vakaata. Siinä tapauksessa hän saattoi olla jopa mitätöimässä oman kirjallisen tuotantonsa. Ongelmaa tulkitsi myös Colli, 2001: »Kyse on hämmentävistä julistuksista, ja näyttää väistämättömältä, että niistä on vedettävä johtopäätös, jonka mukaan tuntemamme Platon, siis hänen dialogeistaan muodostuva kirjallisten töiden kokonaisuus, se, jolle tähän asti ovat perustuneet kaikki

Antiikin Kreikan kukoistus 400 luvulla eaa. oli sammuvan hiilloksen viimeinen hehku, sivistyksen jälkijäristys. Tatu Vaaskiven mukaan: »Suuri, loistava, vitaalinen kulttuuri näyttää hitaasti kadottavan elinvoimaansa, ja vaikka runous ja filosofia pukeutuukin ennen aavistamattomaan loistoon, sen hehku muistuttaa enää vain lakastuvien puiden kultausta».[140] Muistiinmerkitseminen johti henkiseen laiskuuteen ja katteettomaan uskoon asioiden hallitsemisesta. Se merkitsi johtopäätösten lykkäämistä, johti informaation määrän kasvamiseen ja henkiseen epävarmuuteen. Kirjojen myötä syntyi kirjaviisautta, joka levitessään hävitti tieltään paikallista, suullista perinnettä. Kirjoitus monopolisoi viisauden itselleen ja teki siitä vähitellen oman imperiuminsa.

Kirjoitus synnytti *teorian* eli »mahdollisen tieteen», jonka olemus oli olla irrallaan ajasta ja paikasta. Nykyisinkin tieteellisessä työskentelyssä keskitytään ensin siihen, mitä tiedetään mutta sitten erityisesti siihen mitä ei tiedetä. Tällä pyritään määrittelemään tutkimuskenttää, mutta samalla jokainen tutkija tahtomattakin kirjoittaa yhä enemmän siitä mistä ei tiedä. Kysymykset tulevat yhä keskeisemmiksi ja tiede taidoksi tehdä

---

tulkinnat tästä filosofiasta ja koko hänen valtaisa vaikutuksensa länsimaiseen filosofiaan, se kaikki ei ylipäätään ole mitään vakavaa kirjoittajansa oman arvion mukaan.»

[140] (Vaaskivi, Huomispäivän varjo, 1938, p. 472)

kysymyksiä. Kysyminen on filosofiassakin ainoa tapa tuottaa jotain konkreettista jälkeen jätettävää.

Filosofi suunnistaa arkisessa kokemusten maailmassa tavalliselle ihmiselle vieraanoloisesti, eikä anna kelvollisia vastauksia. Tämä ilmaistaan sanomalla, että filosofia herättää tietoisuuden, auttaa ongelman tiedostamisessa ja ajattelun kehittämisessä, synnyttää uusia näkökulmia ja opettaa monipuolisesti asioiden ulottuvuuksia. Filosofien mukaan kyse on siitä, että »tiedämme enemmän siitä, mistä emme tiedä mitään». On makuasia pitääkö tällaista lähestymistapaa syvällisenä. 1700-luvulla ironisoitiin, että »filosofialla kuten lääketieteellä on paljon rohtoja, hyvin harvoja tepsiviä hoitoja eikä juuri lainkaan varsinaisia lääkkeitä».[141]

Filosofia syntyi horjumattomasta luottamuksesta kieleen, sen kykyyn selittää ja kuvata inhimillistä todellisuutta. Kun tuo luottamus ei antanut periksi, joutui todellisuus venymään ja muokkautumaan maailmoiksi, jotka me nyt tunnemme filosofisina ongelmina. Tämä nurinkurisuus on edelleen tieteenalan ydin. Päättelemällä luodut maailmat ovat filosofiassa parempia todellisuuden kuvia kuin mikään kokemuksen perusteella luotu, vaikka niiden järjettömyys olisi käsin kosketeltavaa. Akateeminen filosofia ei ole koskaan ollut muuta kuin kielen kompas-

---

[141] Ranskalainen 1700-luvun seurapiirien suosikki Chamfort eli Sébastien-Roch Nicolas (Chamfort, 2005, s. 22)

tuneiden klubi, jossa vaistoja, luontoa ja oikeaa elämää on pidetty järkeä alkukantaisempana.

Mutta on ollut vapaita myös ajattelijoita ja »filosofeja», jotka kriittisesti perinteeseen suhtautuen ovat yrittäneet rakentaa filosofiasta ratkaisua kokemiinsa ongelmiin: Søren Kierkegaard, Friedrich Nietzsche ja Ludwig Wittgenstein nimekkäimpinä. Mielenkiintoisimmat kriittisistä ajattelijoista ovat tulleet tiedeyhteisön ulkopuolelta tai sen laitamilta, taiteilijoiden ja kirjailijoiden piiristä. Ehkä heitä ei edes pitäisi kutsua filosofeiksi, koska he ovat yleensä halunneet haudata koko tieteen. Heidän mielestään vastausten antaminen filosofiassa ei ole mahdollista. Jos vastauksia halutaan antaa, on ne annettava filosofian ulkopuolella. Ludvig Wittgenstein kuvasi filosofisten ongelmien ratkaisua näin: »Henkilö, joka on joutunut filosofisesti ymmälle, on kuin huoneessa oleva ihminen, joka haluaa päästä ulos, mutta ei tiedä kuinka. Hän yrittää ikkunasta mutta se on liian korkealla. Hän yrittää savupiipusta, mutta se on liian ahdas. Ja jos hän vain kääntyisi ympäri, hän näkisi, että ovi on ollut auki koko ajan».[142] Georg von Wright totesi muistelmissaan varsin sattuvasti, että Wittgensteinin kertakaikkisena tavoitteena oli vaientaa ihmisen kyselynhalu.[143] Sota-aikana Wittgenstein pyysi kerran ystäväänsä *Norman Malcolmia* lähettämään hänelle sopivaa lukemista. Kun kiinnostavista kirjoista keskusteltiin,

---

[142] (Malcolm, 1999, p. 70)

[143] (Wright, Logiikka, filosofia ja kieli, 1982, p. 232)

Wittgenstein ilmoitti lukevansa mieluummin salapoliisitarinoita kuin aikansa arvovaltaista oxfordilaista tiedelehteä, *Mindia*, jonka olisi voinut kuvitella olevan hänen mieleensä.[144] Tämä kuulostaa siltä, kuin Wittgenstein ei olisi oikein arvostanut aikansa filosofiaa, mutta totuus oli ehkä vieläkin karumpi. Hän ei näyttänyt arvostavan filosofiaa ylipäätään, sillä tavoin kuin sitä työkseen tekevän olisi kuulunut tehdä – hän oli sentään filosofian professori Cambridgen yliopistossa. Hänen varhainen tukijansa Bertrand Russell myönsi myöhemmin, että filosofia oli Wittgensteinin mielestä »parhaimmillaankin vain mitätön apuneuvo sanakirjantekijöille ja pahimmillaan ihanteellinen huvitus teepöydän ääressä istujille».[145] Kuten on jo todettu, filosofi arvostaa vain hypoteettisia vastauksia, koska hän tietää, että kaikki oikeat vastaukset kaventavat hänen työkenttäänsä. Mutta rehellisen ajattelijan tavoin Wittgenstein ei halunnut toimia näin vaan yritti selättää itsensä antamalla vastauksia. Itsepäisesti hän piti tehtävänään mitätöidä filosofia – kaikkien kollegoidensa kummastukseksi.

Myös Kierkegaard näki filosofian paradoksin väistämättömyyden: »Korkeimmassa potenssissaan etsii jokainen intohimo aina omaa häviötään, niinpä ymmärryksenkin korkeimpana in-

---

[144] »- - How people can read Mind if they could read Street & Smith beats me. If philosophy has anything to do with wisdom there's certainly not a grain of that in Mind, & quite often a grain in the detective stories...». (Malcolm, 1999, p. 36)

[145] (Edmonds & Eidinow, 2002, p. 234)

tohimona on löytää jotain itselleen vastakkaista ja näin siitäkin huolimatta, että yhteentörmäys tavalla tai toisella saattaa sen häviöön. Ajattelun korkein paradoksi on, että se tahtoo löytää jotain, mitä se ei itse kykene ajattelemaan. Tämä intohimo on pohjimmiltaan läsnä kaikessa ajattelussa, myös yksittäisen ihmisen ajattelussa, sillä ajatellessaan hän ei ole vain oma itsensä».[146]

Ne kyselijät, jotka tahtovat myös vastauksia, vaihtavat filosofian jossain vaiheessa kutsuvampaan elämäntapaan. Ne taas, jotka uskovat joutuvansa olemaan loppuun saakka vailla tyydyttävä vastauksia ja samalla viisaampia »oppineen tietämättömyytensä» vuoksi, saattavat antautua filosofiselle alalle. Heitä huvittaa ihmisten naiivi usko siihen, että jotakin voisi tietää ja että vastauksia voisi antaa. Heidän tehtävänsä on ollut kartoittaa ja luokitella olemattomuuden asteita antiikista saakka.

Filosofia oli jo alun alkaen harhaan lähtenyt projekti. On ironista, että intensiivisesti totuutta etsivä länsimainen ihminen on määritellyt tehtävänsä mahdottomaksi. Sekin on omituista, että hyväksymme tämän elämää kahlehtivan tietämättömyyden älyllisen elämäntapamme hintana.

Katsottuaan silmiin toisen maailmansodan ja fasismin tuhoja, filosofit määrittelivät 1940-luvun jälkeen uudelleen humanismin ja filosofian tehtävät. Selittelyyn oli aihetta

---

[146] (Kierkegaard, Filosofisia muruja, 2004)

erityisesti saksalaisen kielialueen filosofeilla, sieltä olivat peräisin ajan merkittävimmät ajattelijat. Saksalaisia arvostettiin korkean kulttuurin ja sivistyksen kansana. He olivat mitä järjestelmällisimpiä ja he lankesivat mitä järjettömimpään sivistymättömyyteen. Tyypillinen reaktio fasismiin oli voimakas järjellisyyden korostaminen Valistusta ja Kantia painottamalla. Monet päätyivät syyttämään sodan kauheuksista järjen vihollisia eli »irrationalismia», »idealismia», »elämänfilosofiaa» ja »myyttejä». Filosofien tulilinjalla olivat mm. Schopenhauer, Nietzsche, Kierkegaard, Schelling, Dilthey, Simmel, Spengler ja Heidegger – monet näistä olivat vastustaneet tuotannollaan sivistyksen ulkokohtaisuutta. Sota ja hävitys selitettiin sivistyksen tai teoreettisen asenteen puutteeksi.

Kristitty ajattelija Paul Tillich kritisoi sekä Nietzschen immoralismia, että kirkon vuonna 1600 polttaman Giordano Brunon moraalittomuuden ajatusta. Tillich ei kyennyt ymmärtämään immoralismia, vaan piti sitä ihmisyyden halveksuntana. Herbert Marcuse syytti eksistentialismia, elämänfilosofiaa ja Hegelin jälkeistä positivistista tieteellistä ajattelua järjen vähättelystä. Ernst Cassirer pyrki osoittamaan, että fasismin kaltaiset sivistyksen ongelmat eivät olleet järjen, vaan myyttisen ajattelun seurausta, vaikka joutui myöntämään, etteivät fasismin kaltaiset valtiomyytit toimi ilman järkeen perustuvaa ympäristöä.

Myös marxilainen Georg Lukács hyökkäsi voimakkaasti irrationalismia vastaan. Nietzschen syntilistalle hän laittoi mm. historiallisen edistysajattelun vastustamisen. Kun Lukács ei kyennyt ymmärtämään järjen kyseenalaistamista, syytti hän irrationaalisuutta korostaneita filosofeja ajattelun mystifioimisesta. Kantilaisten ajattelijoiden tapaan hän ei nähnyt järjelle vaihtoehtoa ja siksi järjettömyyden korostukset merkitsivät hänelle vihollisuutta. Bertrand Russell kuului myös niihin, jotka pitivät irrationaalista filosofiaa fasismin syynä. Hänelle syypäitä olivat Schopenhauer ja Nietzsche, joiden halu asioiden kokonaisvaltaiseen haltuunottoon johti valheelliseen intohimojen valtaan. Hän syytti Nietzscheä tämän moraalikäsityksistä ja vallan ja yli-ihmisen ihannoinnista. Russell uskoi, että logiikan ja matematiikan avulla parannettu filosofia kykeni hävittämään maailmasta asenteelliset ja hämärät metafyysiset opit, joihin hän ilmeisesti laski edellä mainitutkin. Suomessa vaiettiin lähes täydellisesti vaistoja ja irrationalismia puolustaneen Tatu Vaaskiven tuotannosta.

Nämä olivat yrityksiä tehdä syyttömästä syyllinen, esittämällä sodan julmuudet alkukantaisuutena ja pukemalla oma syyllisyys sivistyksen moralismiin. Sota on kuitenkin aina sivistyksen oma haaksirikko. Nietzsche ymmärsi, että kypsymätön ihminen näkee kaiken luonnollisen »kaunan myrkyllisin silmin», koska pelkää sitä. Asiat kääntyvät päälaelleen, elämän edellytyksistä tulee ihmisen vihollisia ja julmuudesta elämän edellytys. Keskenkasvuinen ymmärtää irrationalismin väärin positiivisten arvojen kieltämisenä, vaikka se tarkoittaa järjellisyyden suhteellistamista. Aikuisuuden ymmärtäminen ei voi tuottaa totalitarismia, sotaa eikä julmuutta.

KESKENKASVUISUUDEN HAASTEET

Ihmisen keskenkasvuisuudella on pitkälle meneviä vaikutuksia. Seuraukset eivät rajoitu vain kirjoitettuihin dokumentteihin, vaan heijastuvat niistä kaikkeen arkeen. Ihmisen sulkeutuminen suuruuden kuvitelmiinsa ja vääristäviin illuusioihin on aiheuttanut sen, että länsimaisesta sivilisaatiosta on tullut oman visionsa pahin este. Sivistyksen olisi tullut pikemminkin avata silmät ihmisen todelliselle luonteelle eikä ummistaa siltä. Sen olisi tullut osoittaa ihmisen paikka luonnossa, eikä tehdä siitä käsittämätöntä. Ihminen on sivistetty uhmaamaan elämää, hylkäämään aiemmin vallinnut terve järki ja vaihtamaan se omahyväisyyteen. Kirjatkin valitettavasti opettavat ihmiselle, ettei hänen tarvitse ajatella itse: muut tekevät sen hänen puolestaan ja tekevät sen myös paremmin. Keinotekoisuudesta on tullut todellisuutta aidompaa, kuvittelusta kokemista todempaa. Samalla ihmiseltä kuitenkin viedään mahdollisuus hallita omaa elämäänsä. Sivistys on luonut tuhoisat säännöt ihmisten väliselle kommunikaatiolle ja ymmärtämiselle. Se on estoitta vedonnut ihmisten laiskuuteen ja omahyväisyyteen saadakseen lupauksia täynnä olevasta latteasta maailmankuvasta tavoitellun. Filosofia on ikuisine kysymyksineen tärkeä osa sivistyksen ikiliikkujaa.

Länsimaisen historian viimeiset 2000 vuotta eivät ole olleet kreikkalaisen hengen yhtenäistä ja kehittyvää omaksumista vaan siihen on mahtunut pitkiä suvantovaiheita. Euroopassa sitä hillitsivät katolisen kirkon tiukka kirjallisen toiminnan kontrolli ja kirjojen vähyys. Sivistys sai keskiajan näyttämään »pimeältä» *(medium aevum* ja *media tempestas)*, siis synkältä ja kehittymättömältä välivaiheelta antiikin ja nykyajan välissä. Kun kirjapainotaito vapautti ihmisen käsin kirjoittamisen vaivoista, toisenkäden tiedon levittäminen sai kokonaan uuden mittaluokan. 1700-luvulla aatelis- ja pappisluokan valta hävisi vallankumouksissa ja reformaatioissa. Se heijastui taloudelliseen ajatteluun, kauppiasluokkaan ja modernien markkinoiden syntyyn. Etenkin se näkyi kaupunkien ja teollisuuden kasvuna ja siitä johtuvana maaseudun köyhtymisenä ja autioitumisena. Muutos ilmeni selvästi myös uudelle lukevalle porvarisluokalle luodussa modernissa romaanissa, joka ihaili yksilöllisyyttä ja hylkäsi perinnäisen moraliteetin kirjoittamisen muotona. Kirjoittamisen mahdollisuudet hurmasivat eurooppalaiset samalla tavalla kuin ne olivat hurmanneet aikanaan kreikkalaiset. Kirjoittaminen ja lukeminen yhdistyivät erityisesti kaupunkilaiseen elämäntapaan.

Ensin Euroopan varhaisissa luostareissa ja sen jälkeen yliopistoissa irtauduttiin elämän realismista kirjoitusten tutkimisen ja opettamisen kautta. Sivistyneistö erkaantui arjesta teoreettiseen maailmaan, jossa mitkään muut kuin loogiset yhteydet eivät olleet välttämättömiä eivätkä todellisia — tai olivat jotain vielä suurempaa: jumalallisia. Renessanssi oli toisto siitä näytelmästä, joka käytiin toista tuhatta vuotta aiemmin Kreikan mystiikan ja filosofian kesken. Todellisuudesta irtautuminen johti lapsenomaisen mielikuvituskulttuurin ja mistään piittaamattoman elämänasenteen yleistymiseen. Keskiajalla vain harvoilla ja valituilla henkilöillä oli oikeus edustaa »yksilöllistä» ihmistä. Heilläkin vähenevässä määrin hierarkiassa ylhäältä alas tultaessa. Eurooppalainen yhteiskunta oli pitkään vanhan kelvollisen kulttuurin ja hallitsevien piirien yksilöllisyyden kirjava, mutta jollain lailla toimiva kudos, ja siksi se jääkin historiassa vähälle huomiolle. Ranskan vallankumouksen jälkeen syntyi kansalainen, joka halusi kuninkaiden oikeudet ja päätäntävallan oman elämänsä valintoihin ja tarpeisiin.

Vaikka alkaneessa kehityksessä oli hyvääkin, alkoivat uudistuvan Euroopan kaupungit halveksia vanhaa, yksilöllisyyttä vieroksuvaa kansankulttuuria, joka oli pitänyt yhteisöt koossa. Ihmiskuva kaventui ja henkinen liikkuma-ala pieneni entisestään. Ihmisen ihannekuva muuttui nuoremmaksi ja kliinisemmäksi. Narsistisesta yksilöllisyydestä tuli normaalia. Ihmisluonnon kieltäminen aiheutti sokeutta ja tuhoavaa näköalattomuutta kulttuurin sisällä. Se muuttui tappavaksi voimaksi, jolla ei ollut rajoja — niin kuin ei ollut sen pohjalla olevalla tietämättömyydelläkään. Totuudesta tuli hämärä käsite kun miljoonat ja taas miljoonat yksilöt vaativat omaa oikeuttaan, kun riidat ratkaisi viimekädessä vain painettu sana, auktoriteetti, röyhkeys tai voima. Pisimmän korren vei se, joka oli tarpeeksi kunnianhimoinen ja tarpeeksi välinpitämätön kantaakseen huolta jälkipolvien tuomiosta. Muutokset kumuloituivat vanhan monikulttuurisen Euroopan tuhoisaan poliittiseen yhtenäistämiseen 1800- ja 1900-luvuilla. Mantereelle syntyivät muutamien tahojen kaupallisia intressejä suojelevat suljetut »kansallisvaltiot», jotka alkoivat kontrolloida aiempaa, avointa kulttuurivaihtoa. Kehitys johti 1914 ensimmäiseen maailmansotaan, joka oli oikea inhimillisen sokeuden juhlanäytös.

Kansallisuusideologiaa sotakaan ei kyennyt hävittämään. Nousevassa nationalismissa tiivistyivät päinvastoin sivilisaation ja individualismia suojelevan lainsäädännön pahimmat harhakuvitelmat. Sen synnyttivät teini-ikäiselle mielelle tyypillinen vihamielisyys, kilpailu ja kateus. »Kansasta» tuli uuden voimistuvan kaupunkilaisen porvarillisuuden propagandistinen symboli. Viimeisimmän reilun sadan vuoden aikana nationalismin nimissä pienille kulttuureille on tehty enemmän tuhoa kuin koskaan aiemmin. Nationalismi on aiheuttanut kansamurhia, hävittänyt monikulttuurisuutta ja yhteisöllisyyttä ja luonut perusteetonta vihollisuutta. Lukemattomia kieliä ja kulttuureja on tuhottu. Muutoksen suuruutta on nykypäivänä vaikea tajuta. Tavallisten ihmisten kadotettu elämänmuoto eri puolilla maailmaa on kuitenkin edelleen nähtävissä vanhimmassa filmi- ja valokuvamateriaalissa.[147] Nykyiset kansainväliset poliittiset kriisit, joista eniten kärsivät siviilit, ovat 1700- ja 1800-luvulla luodun eurooppalaisen valtionationalismin seurausta. »Kansallinen» alkoi merkitä kaikkien yhteistä ponnistusta kaupunkilaisten etujen vuoksi, mutta yhteisöllisyydestä siinä ei ollut kyse. Heimojen juhlapuvuista tehtiin »kansallispukuja» ja perinnäiskulttuurista nimetöntä »kansantaidetta». Sodan jälkeinen rauhan neuvottelukunta nimettiin Kansainliitoksi ja sen jälkeen Yhdistyneiksi Kansakunniksi. Harva näki mihin neuroottinen vierauden pelko ja sulkeutuneisuus tuli johtamaan. Rasismista tuli pysyvästi ahneen kansallisuusideologian osa.

Kaupunkilaisuus on keskenkasvuisuuden otollinen kasvumaa. Nyt kun maaseudun kulttuuri on ajettu ahtaalle, ei aikuisuudella ole enää vapaata kasvumaata. Pelkäksi kaupunkilaisuudeksi jähmettynyt maailmankuva näkyy elämän yksitoikkoistumisena, ennustettavuutena, monotonisuutena ja myös terveen järjen puutteena. Arjesta ovat hävinneet vaihtoehdot, kansalaisista on tullut holhottavia. Demokratia-nationalismi on maalannut värikkään elämän harmaaksi ja kaikkialle levittäytyvä joukkotiedotus tekee siitä kaikkialla samanlaista.

---

[147] Esim. loistavat Albert Kahnin kokoelmat Pariisissa.

Globaalistuminen on kaupunkilaisuuden leviämistä ja maaseudun kuolemista. Se ei merkitse ainoastaan moniäänisyyden, vaan myös hiljaisuuden ja kuuntelutaidon häviämistä. Maailma muuttuu yksilöllisyyden täyttämäksi, lakihenkiseksi ja rationaaliseksi samaan aikaan kun toinen puoli ihmisistä kamppailee pitääkseen itsensä hengissä aineellisessa puutteessa suhteellisuudentajunsa menettäneen hallinnon alla. Tuntuu, että kaikki yhteisöllisyyttä ylläpitävä kulttuuri on murtunut ja yksilö on vapautettu suojelemaan pidäkkeettömästi omia etujaan.

Vanhaa sanonta »joukossa tyhmyys tiivistyy» sopii, ei ainoastaan pieniin joukkoihin, vaan ennen kaikkea suuriin kaupunkeihin, valtioihin ja joukkotiedotuksen ensimmäisen maailmansodan aikaan luomaan kansalliseen ja sittemmin globaaliksi muuttuneeseen kansalaisuuteen. Nationalismi ja nationalistinen valtio ovat kuvitteellisia territoriaalisia luomuksia ja sellaisina alttiita teoreettisuuden ihannoinnille. Mitä suuremmista joukoista on kyse, sitä yksinkertaisemmiksi asiat muuttuvat ja sitä suurempia kompromisseja ja vääryyksiä tehdään. Se sopii myös sosiaaliseen mediaan, joka elättää toivoa viisautta levittävästä yhteisökommunikoinnista ja parviälystä ongelmien ratkaisijana.

Me emme kuitenkaan voi mitään sille, että viisaus pakenee joukkoja ja viihtyy vaatimattomissa oloissa omassa yksinäisyydessään, jossa sen kuulemiseen tarvitaan herkät korvat. Nykyihmisen tie parempaan elämään on oman sisäisen viisauden kuuntelu. Sitä on jokaisella, joka vaivautuu kuuntelemaan itseään ja joka ei usko aina kaikkea mitä hänelle totena ja viisautena kerrotaan.

LÄHTEITÄ JA KIRJALLISUUTTA

Lähteet eivät ole teoksen olennaisin osa eivätkä perusideat tukeudu niiden sisältöihin. En ole aina käyttänyt ensisijaisia lähteitä, jos olen ajatellut voivani luottaa käsillä olevaan tietoon. Lähteisiin viittaamalla olen myös halunnut antaa kuvan, että esittämäni asiat ovat jossain muodossa olleet esillä useissa erityyppisissä julkaisuissa. Lähdeluettelo on yrityksistäni huolimatta suuntaa antava.

Aristofanes Pilvet / käänt. Arti V.. - Hki : WSOY, 1952.

Aristoteles Metafysiikka. - Hki : Gaudeamus, 1990.

Bakewell Margaret A. More genes underwent positive selection in chimpanzee evolution than in human evolution [Verkkosivu] // PNAS. - NAS, 4 2007. - 2. 8 2007. - http://www.pnas.org/cgi/content/abstract/104/18/7489.

Batson C. Daniel ja Ventis W. Larry The Religious Experience: A Social-Psychological Perspective. - New York : Oxford University Press, 1982.

Bolk Louis Das Problem der Menschwerdung. - Jena : [s.n.], 1926.

Bolk Louis Hersenen en cultuur. - Amsterdam : Scheltema en Holkema, 1918. - Käännös Jos Verhulst.

Bromhall Clive The eternal child - How evolution has made children of us all. - London : Ebury Press, 2004.

Chamfort Sivistyksen hedelmiä : mietteitä ja tapauksia. - Hki : Otava, 2005.

Cohn-Haft Louis Source Readings in Ancient History. Volume 1: The Ancient Near East and Greece. - New York : Thomas Y. Crowell, 1965.

Coleman Ray John Lennon – täydellinen elämäkerta. - Hki : Jalava, 2005.

Colli Giorgio Filosofian synty / käänt. Vähämäki Jussi. - Hki : Tutkijaliitto, 1997.

Colli Giorgio Nietzschen jälkeen; miten tullaan filosofiksi / käänt. Kajas Antti. - Tampere : Eurooppalaisen filosofian seura ry / niin & näin, 2008.

Darwin Charles Lajien synty. - Hki : Kirjayhtymä, 1980. - s. 112. - Lyhentäen toimittanut Richard E. Leakey, (lyhennelmä 6. painoksesta.).

Darwin Charles The Descent of Man [Verkkosivu]. - Darwin-literature.com, 2003. - 2005. - http://www.darwin-literature.com/The_Descent_Of_Man/index.html. - V luku:

On the development of the intellectual and moral faculties during primeval and civilised times..

Darwin Charles The Descent Of Man : Chapter III [Verkkosivu] // Chapter III: Comparison of the mental powers of man and the lower animals.. - Darwin-literature.com, 2003. - 2005. - http://www.darwin-literature.com/The_Descent_Of_Man/5.html.

Dennett Daniel C. Tietoisuuden selitys. - Hki : Art House, 1999.

Dogs Neoteny Dogs [Verkkosivu] // Neoteny / Juvenilization. - 6. 5 2004. - 2. 11 2005. - http://www.nhm.org/exhibitions/dogs/evolution/neoteny.html.

Durkheim Émile Uskontoelämän alkeismuodot : australialainen toteemijärjestelmä. - Hki : Tammi, 1980.

Eckhart Mestari Mestari Eckhartin saarna, mestari-esimerkki keskiajan sananjulistuksesta [Verkkosivu]. - 1 2005. - http://www.qnet.fi/kmielty/kotis5.html. - Suomennos: Kalervo Mielty [Käännetty M.O'C.Walshen englantilaisesta teoksesta: Meister Eckhart, Sermons and Treaties, Volume I].

Eco Umberto Mihin uskot jos et usko?. - Tku : Kirja-Aurora, 2002.

Edmonds David ja Eidinow John Wittgensteinin hiilihanko. - Hki : WSOY, 2002.

Eliade Mircea Ikuisen paluun myytti : kosmos ja historia. - Hki : Loki-kirjat, 1993.

Eliade Mircea Pyhä ja profaani. - Hki : Loki-kirjat, 2003.

Erjanti Olli Mystinen kokemus - sanoinkuvaamattomuudesta käsitteiden ylittymiseen [Verkkosivu]. - 2001. - 2004. - http://www.paranet.fi/paradocs/tutkimuksia/erjanti.pdf.

Erjanti Olli Mystinen tajunta : Tajunta neurofilosofian ja mystiikan näkökulmista [Verkkosivu]. - 05 2003. - 2005. - http://urn.fi/URN:NBN:fi-fe20031405. - Pro gradu, Helsingin yliopisto, uskontotieteen laitos.

Forman Robert K.C. What does mysticism have to teach us about consciousness? [Verkkosivu]. - 1998. - http://www.imprint.co.uk/Forman.html.

Freud Sigmund Introductory Lectures on Psychoanalysis. - London : [s.n.], 1977. - s. 199.

Freud Sigmund Johdatus narsismiin ja muita esseitä. - Hki : Love kirjat, 1993.

Gasset José Ortega y Taiteen irtautuminen inhimillisestä. - Hki : Otava, 1961.

Gilgamesh Gilgamesh / käänt. Hämeen-Anttila Jaakko. - Hki : Basam Books, 2003.

Havelock Erik A. The Muse learns to write: Reflections on Orality and Literacy from Antiquity to the Present. - New Haven : Yale University Press, 1986.

Hesse Hermann Arosusi. - Hki : WSOY, 1988.

Hämeen-Anttila Jaakko Mare nostrum. - Hki : Otava, 2006.

Ihmisen suku - Ensimmäiset ihmiset. - Hki : WSOY, 1993.

Johnson D.R. Human evolution [Verkkosivu] // Retardation and neotony in human evolution (Lecture Notes 6 of 6). -

Faculty of Biological Sciences, University of Leeds, 2004. - http://www.leeds.ac.uk/chb/lectures/anthl_06.html.

Johnston Ian Writing Arguments About Literary Works [Verkkosivu]. - 2000. - 2. 3 2005. - http://www.mala.bc.ca/~johnstoi/arguments/argument10.htm.

Kaila Eino Persoonallisuus. - Hki : Otava, 1938.

Kaila Eino Sielunelämä biologisena ilmiönä. - Hki : Otava, 1920.

Kant Immanuel Über Pädagogik [Verkkosivu]. - 1803. - <http://de.wikisource.org/wiki/%C3%9Cber_P%C3%A4dagogik>.

Kaplan Louise J. Nuoruus : hyvästijättö lapsuudelle. - Hki : Otava, 1986.

Keller Evelyn ja Grontkowski Christine Tieto ja yhteiskunta, , Gaudeamus, Helsinki 2000. / toim. Vuorensyrjä Matti ja Savolainen Reijo. - Hki : Gaudeamus, 2000.

Kierkegaard Søren Ahdistus. - Jkl : Gummerus, 1964.

Kierkegaard Søren Filosofisia muruja. - Hki : Summa, 2004.

Kierkegaard Søren Päättävä epätieteellinen jälkikirjoitus / käänt. Lehtinen Torsti. - Hki : WSOY, 2001.

Kivivuori Janne Paha tieto : tieteenvastainen ajattelu antiikista uusimpiin kiistoihin. - Hki : Nemo, 2003.

Kulonen Ulla-Maija Puheen ja kielen alkuperä [Kirjan osa] // Maailmankuvaa etsimässä : tieteen päivät 1997 / kirjan tekijä Rydman Jan (toim.). - Hki : WSOY, 1997.

Kunnas Tarmo Nietzsche - Zarathustran varjo. - Hki : Otava, 1981.

Kurtén Björn Dance of the Tiger, A Novel of the Ice Age. - New York : Pantheon books, 1980. - suom. Musta tiikeri.

Kuusi Pekka Tämä ihmisen maailma. - Hki : WSOY, 1982.

Lagerspetz Kirsti Aivotutkimuksen merkitys psykologialle [Aikakausjulkaisu] // Tieteessä tapahtuu. - Hki : Tieteellisten seurain valtuuskunta TSV, 2000. - 2.

Lamont Corliss The Philosophy of Humanism [Verkkosivu]. - 10. 6 2007. - 2007. - http://www.corliss-lamont.org/philos8.htm.

Landauer Jeff ja Rowlands Joseph Rationality [Verkkosivu]. - 2001. - 12 2004. - http://www.importanceofphilosophy.com/Ethics_Rationality.html.

Lawrence D.H. (David Herbert) Fantasia of the Unconscious. - 1922.

Lawrence D.H. Fantasia of the Unconscious [Verkkosivu] // The Project Gutenberg eBook. - 24. 2 2007. - 5. 5 2007. - http://www.gutenberg.org/files/20654/20654-h/20654-h.htm.

Leakey Richard Ihmiskunnan juuret. - Hki : WSOY, 1995.

Lehtovaara Arvo Ihmisen arvoitus : evoluutiopsykologian ihmiskuva. - Hki : Otava, 1986.

Linkola Pentti Pentti Linkola - profeetta omalla maallaan [Verkkosivu]. - 2004. - 1 2007. - http://www.taivaansusi.net/politiikka/linkola.html.

Lorenz Konrad On Aggression. - San Diego : Harcourt Brace, 1963.

Lorenz Konrad Peilin kääntöpuoli ; tutkielma inhimillisen tiedon luonnonhistoriasta. - Hki : Tammi, 1977.

Lyotard Jean-François Tieto postmodernissa yhteiskunnassa. - Tre : Vastapaino, 1985.

Madsen Jørn Tieteen kuvalehti [Aikakausjulkaisu]. - 12. 7 2005.

Magdeburgilainen Mechthild Mechthild Magdeburgilainen [Verkkosivu] // Rakastavan sielun valitus / toim. Heinonen Meri. - 2007. - http://users.utu.fi/merhei/valitus.html. - Käännös: Meri Heinonen.

Malcolm Norman Ludwig Wittgenstein – muistelma. - Hki : WSOY, 1999.

Mayr Ernst Evoluutio. - Hki : WSOY, 2003.

Meri Veijo Sanojen synty. - Jyväskylä : Gummerus, 2002.

Mithen Steven The Prehistory of Mind. A search for the origins of art, religion and science. - London : Phoenix , 1996.

Montaigne Michel de Esseitä. - Hki : WSOY, 1960.

Morris Desmond Eläin nimeltä ihminen. - Jkl : Gummerus, 1994.

Mytologia Mytologia : jumalia, sankareita, myyttejä / toim. Cotterell Arthur. - Bath : Parragon, 2005.

Mäkinen Virpi Keskiajan aatehistoria : näkökulmia tieteen, talouden ja yhteiskuntateorioiden kehitykseen 1100-1300 - luvuilla. - Jkl : Atena, 2003.

Nature Nature [Verkkosivu]. - 2003. - 2004. - Lähde: http://www.nature.com/news/2003/030818/full/030818-7.html.

Neanderthal. - Channel4, 2002.

Nietzsche Friedrich Iloinen tiede. - Hki : Otava, 2004.

Nietzsche Friedrich Ecce homo. - Helsinki : Unio Mystica, 2002.

Nietzsche Friedrich Kirjoituksia kreikkalaisista. - Hki : Summa, 2006.

Nietzsche Friedrich Moraalin alkuperästä. - Hki : Otava, 2007.

Nietzsche Friedrich Traagisen ajattelun synty [Aikakausjulkaisu] // niin & näin - filosofinen aikakauslehti / toim. Jylhämö Kimmo. - Tampere : [s.n.], 3 1994. - 3. - Suomennos: Kimmo Jylhämö.
[http://www.netn.fi/394/netn_394_niett.html]

Ojanen Eero Filosofiat ja fasismi : puheenvuoroja eurooppalaisen kulttuurin tilasta. - Jkl : Atena Kustannus , 1989.

Ong Walter J. Orality and literacy : the technologizing of the word. - London : Methuen, 1982.

Ovidius Metamorfoosit; kirja III [Verkkosivu]. - Suomennos: Pirjo Lyytikäinen.

Pahan tiedon puu : väärä tieto ja väärin tietäminen sydänkeskiajalta valistukseen / toim. Heinonen Meri ja Tunturi Janne. - Helsinki : Gaudeamus, 2003.

Paz Octavio Suuri lasi / käänt. Mikkonen Anita. - Hki : Taide, 1991.

Pekonen Osmo Newton ja alkemia [Aikakausjulkaisu]. - Hki : Tieteellisten seurain valtuuskunta TSV, 1999. - 7.

Picasso Picasso / toim. Domenico Porzio ja Valsecchi Marco. - Helsinki : Kirjayhtymä, 1988.

Platon Teokset III. - Hki : Otava, 1979.

Platon Teokset VII. - Hki : Otava, 1999. - Vuosik. Kirje VII.

Prisma-dokumentti Neandertalinihminen. - Yle1, 2005. - 16.10..

Proust Marcel Vastalause Sainte-Beuvelle. - Hki : Otava, 2003.

Pyysiäinen Ilkka Jumalan selitys : 'jumala' kognitiivisena kategoriana. - Hki : Otava, 1997.

Radford Tim We are the final frontier [Lehtiartikkeli] // The Guardian. - 10. 2 2005.

Railo Eino Kuolemattomuuden puutarha eli runouden uskonto. - Hki : WSOY, 1945.

Rauhala Lauri Tajunnan tutkimus sen oman struktuurin ehdoilla [Aikakausjulkaisu] // niin & näin - filosofinen aikakauslehti. - Tampere : [s.n.], 1997. - 1.

Rhees Rush Ludwig Wittgenstein, personal recollections. - Totowa, NJ : Rowman and Littlefield Pub Inc, 1981.

Rumi Dzalaladdin Rakkaus on musta leijona / käänt. Hämeen-Anttila Jaakko. - Hki : Basam Books, 2002.

Saariluoma Liisa Muuttuva romaani – Johdatus individualistisen lajin historiaan. – Hämeenlinna : Karisto, 1989.

Salomon Ib Ärsykkeillä lisää älykkyyttä [Aikakausjulkaisu] // Tieteen kuvalehti. - Hki : Bonnier Publications Oy, 12 2003.

Saranpää Mika Hesiodos [Aikakausjulkaisu] // niin & näin. - Hki : [s.n.], 2 1995.

Schafersman Steven D. The history and philosophy of humanism and its role in unitarian universalism [Verkkosivu]. - 1998. - 12 2005. - http://www.freeinquiry.com/humanism-uu.html.

Serres Michel Luontosopimus. - Tre : Vastapaino, 1994.

Siivola Markku Depersonalisaatio - itsetuntemuksen pelottava taival [Verkkosivu]. - Therapeia- yhdistyksen ja Therapeia-säätiön yhteisjulkaisu, 3. 8 2004. - 29. 10 2005. - http://www.netlife.fi/users/msiivola/omia/depersonalisaatio.html.

Siivola Markku Härkä ja paimen - matka ihmisyyden ytimeen [Verkkosivu] // Itselleen naurava uskonto. - 2001. - 16. 6 2005. - http://www.saunalahti.fi/msiivola/krit/itselleen_naurava_uskonto.html. - Käännös englannista D.T. Suzukin mukaan Pekka Sävy.

Sintonen Matti Ihminen, tiede, luonto – maailmankuva ja maailmankatsomus [Aikakausjulkaisu] // Tieteessä tapahtuu. - Hki : Tieteellisten seurain valtuuskunta TSV, 1999. - 8.

Sintonen Matti Tieteessä tapahtuu [Verkkosivu] // Ihminen, tiede, luonto – maailmankuva ja maailmankatsomus. - 9 1998. - 1. 6 2005. - http://www.tsv.fi/ttapaht/998/sintonen.htm.

Smith Allan L. ja Tart Charles T. Cosmic consciousness experience and psychedelic experiences: a first person comparison [Aikakausjulkaisu] // Journal of Consciousness Studies. - 1 1998. - 5.

Suutala Maria Naiset ja muut eläimet - ihmisen suhde luontoon länsimaisessa ajattelussa. - Hki : Yliopistopaino, 1996.

Tertulliani Septimii Florentis De carne christi liber [Verkkosivu] / toim. Evans Canon Ernest ja Pearse Roger. - Tertullian Project, 2002/1956. - 2. 8 2006. - http://www.tertullian.org/articles/evans_carn/evans_carn_03lati n.htm.

Terveysportti Terveysportti / D ICD-10 [Verkkosivu] // F48.1 Depersonalisaatio- ja derealisaatio-oireyhtymä. - Kustannus Oy Duodecim. - 2005. - http://www.terveysportti.fi/terveysportti/icd10.nimike?p_koodi =F48.1&tt=2

Turunen Kari E. Mieli ja sielu. - Hki : Arator, 1989.

Vaaskivi Tatu Huomispäivän varjo. - Jkl : Gummerus, 1938.

Vaaskivi Tatu Vaistojen kapina. - Jkl : Gummerus, 1937.

Valste Juha Apinasta ihmiseksi. - Hki : WSOY, 2004.

Wild Orangutans The Nature Conservancy Finds Population of Wild Orangutans [Verkkosivu]. - The Nature Conservancy, 11 2002. - 16. 4 2006. - http://www.nature.org/pressroom/press/press858.html.

Wilford John Noble Ruins in Northern Syria Bear the Scars of a City's Final Battle [Lehtiartikkeli] // New York Times. - 16. 1 2007. - <http://www.nytimes.com/2007/01/16/science/16batt.html>.

Wilson Edward O. Konsilienssi. - Hki : Terra Cognita, 2001.

Winson Jonathan The Meaning of Dreams [Aikakausjulkaisu] // Scientific American. - [s.l.] : Scientific American, Inc., 2002. - 1 : Vuosik. 12.

Winston Robert Walking With Cavemen [TV]. - BBC, 2003.

Wittgenstein Ludwig Tractatus logico-philosophicus eli Loogis-filosofinen tutkielma. - Hki : WSOY, 1971.

Wright Georg Henrik von Humanismi elämänasenteena. - Hki : Otava, 1983.

Wright Georg Henrik von Logiikka, filosofia ja kieli. - Hki : Otava, 1982.

Vuorinen Jyri Estetiikan klassikoita. - Hki : SKS, 1993.

www.ingramcontent.com/pod-product-compliance
Lightning Source LLC
Chambersburg PA
CBHW020229170426
43201CB00007B/369